新 HSK 한 권이면 끝

한선영 지음

동양북스

초판 3쇄 | 2016년 5월 20일

지은이 | 한선영
발행인 | 김태웅
총 괄 | 권혁주
편집장 | 이경숙
편 집 | 연윤영
디자인 | 차경숙
마케팅 총괄 | 나재승
마케팅 | 서재욱, 정유진, 김귀찬, 왕성석, 조경현
온라인 마케팅 | 김철영, 양윤모, 탁수지
제 작 | 현대순
총 무 | 한경숙, 안서현, 최여진, 강아담
관 리 | 김훈희, 이국희, 김승훈, 최국호

발행처 | 동양북스
등 록 | 제 10-806 (1993년 4월 3일)
주 소 | 서울시 마포구 동교로22길 12 (04030)
전 화 | (02)337-1737
팩 스 | (02)334-6624

http : // www.dongyangbooks.com
http : // www.dongyangTV.com

ISBN 978-89-8300-817-6 14720
       978-89-8300-820-6 (세트)

▶ 본 책은 저작권법에 의해 보호를 받는 저작물이므로 무단 전재와 복제를 금합니다.
▶ 잘못된 책은 구입처에서 교환해드립니다.

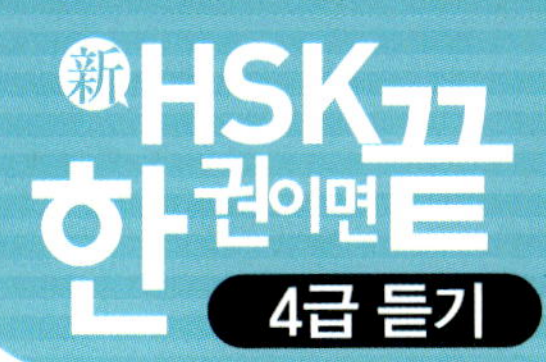

이 책을 내면서

新HSK 4급을 쉽고 재미있게 공부할 수 있는 책 좀 추천해주세요!

학생들에게 자주 듣는 말이다. 그러나 지금까지 나와 있는 책은 대부분 모의고사 문제집으로, 유형별로 공부할 수 있는 교재가 부족했고, 그래서 HSK 강의 12년의 노하우와 급변하는 출제 경향의 변화를 밤낮으로 연구·분석한 결실을 바탕으로 〈新HSK 한 권이면 끝 – 4급〉이 완성되었다.

나에게 있는 달란트!

신은 모든 이에게 달란트를 주셨다. 하지만 나는 '왜 나에게는 특별한 달란트가 없을까?'라는 생각으로 힘들어한 적이 있다. 그때 JRC 김효정 원장 선생님의 격려 한마디가 나의 가슴을 벅차게 했다. "너에게는 다른 사람이 갖지 못한 열정이 있어. 가진 것의 120%를 발휘할 수 있는 네가 자랑스럽다." 그렇다! 나는 분명 다른 사람이 갖지 못한 것을 가졌다. 학생을 사랑하는 마음, 학생들의 눈높이에서 더 쉽게 가르치려는 열정, 그리고 문제를 분석하고 비법을 정리해내는 능력이 바로 그것이다. 그래서 나는 신이 주신 나의 달란트를 이 책의 집필에 최대한 발휘하였다.

오아시스를 만나다!

'풍요 속의 빈곤'이라는 말처럼, 수많은 교재의 홍수 속에서도 마음에 드는 교재를 찾기란 쉽지 않다. 학생들은 마치 사막에서 헤매는 것처럼 '비법서'에 목말라하고 있다. 新HSK 4급 문제는 원리만 알면 풀 수 있는 '비법이 통하는' 유형이다. 이 책은 학습자들이 좀 더 빠른 시간 내에 급수를 획득할 수 있도록 많은 비법과 공부 방법을 소개함으로써 사막의 길잡이 역할을 해준다. 이 책을 펼치는 순간 여러분은 오아시스를 만날 것이며, 오랜 갈증이 속 시원히 해소될 것이다.

분권을 결정하다!

〈新HSK 한 권이면 끝 – 4급〉 책이 출간된 후, 수험생들의 반응은 뜨거웠다. 新HSK 수험서 중 국내 최초로 선보인 올 컬러 편집이 보기에도 시원하고, 내용까지도 만족스럽다는 평이 나왔다. 가장 큰 이유는 〈듣기〉, 〈독해〉, 〈쓰기〉 각 영역마다 기출문제 분석을 통해 얻은 비법이 녹아 있고, 꼼꼼한 설명으로 누구나 쉽게 공부할 수 있도록 되어 있기 때문이다. 또한 출간되자마자 3월 시험에서 쓰기 제2부분 문제를 100% 적중시킨 것은 이 책의 저력을 입증해주었다. 우리는 또다시 수험생들에게 더 필요한 것은 무엇인지 고민하기 시작했다. 그 결과 더 많은 수험생들이 부담 없이 이 책을 선택하여 학습할 수 있도록 영역별로 분권을 결정하게 되었다.

마지막으로 이 책이 나오기까지 옆에서 묵묵히 도와준 김하령 학생, 송근호 선생님, 朴香쯔 선생님께 진심으로 감사하다는 말씀을 전하고 싶다. 그리고 나의 인생에 터닝 포인트를 만들어주신 권혁주 부사장님, 좋은 교재를 만들기 위해 애써주신 동양북스 편집부의 노고에도 머리 숙여 감사의 마음을 전한다.

한 선 영

만점 노하우

문제 풀이 노하우

1. '듣기'는 암기다!

녹음이 잘 안 들린다면 원인은 어휘량 부족에 있습니다. 공부한 문제와 핵심 단어 학습을 게을리하지 않아야 합니다.

2. 보기를 최대한 활용하라!

4개의 보기 중 하나는 분명히 정답이고, 나머지 3개의 보기에도 녹음에서 사용된 어휘가 등장할 가능성이 높습니다. 보기 분석을 통해 녹음에 나올 질문을 미리 간파하고, 핵심 포인트를 잡아낼 수 있는 능력이 필요합니다.

3. 첫 문장과 마지막 문장을 잘 들어라!

첫 문장에 있는 힌트를 놓쳤다면 그 문제는 아무리 열심히 들어도 답을 찾을 수 없습니다. 첫 문장부터 꼼꼼히 듣고, 대화의 결론이나 녹음 지문의 주제어는 맨 마지막 부분에 나올 수 있으니 끝까지 집중력을 발휘해야 합니다.

4. 긍정인지 부정인지를 파악하라!

대화문은 일반적으로 첫 번째 사람이 화제를 던지면 두 번째 사람이 자신의 생각을 말합니다. 반응이 긍정적인지 부정적인지만 알아도 50%는 성공입니다.

5. 성별을 구분하여 정보를 기억하라!

열심히 내용만 듣느라, 남자가 한 말인지 여자가 한 말인지 잊어버리는 경우가 있습니다. 들은 정보를 반드시 남/녀로 구분해서 기억합니다.

6. 노트에 정리해서 암기하라!

자신이 푼 문제가 맞았는지 틀렸는지 점수만 매기고 끝나면 안 됩니다. 중요한 표현은 시험문제에서도 키워드로 제시될 수 있기 때문에 핵심어와 정답에 나온 표현법을 연결해서 암기해야 합니다.

부분별 유형 분석

제1부분

문제 형식	4~5절로 이루어진 지문을 듣고, 문제의 옳고 그름을 판단하는 문제
출제 문항	10문제
점수 배점	1문제당 2.2점 (100점 만점)
문제 풀이 시간	10초
정답 체크	듣기 영역을 다 푼 후, 답안지에 체크하는 시간이 5분 주어진다. 옳다면 [V]에, 틀리다면 [×]에 체크한다

1. 녹음 내용을 듣기 전 반드시 ★가 있는 문제 부분을 먼저 분석해야 합니다.
2. 문제 분석법: 술어와 명사, 부정부사에 밑줄을 그어놓습니다.
3. 녹음 청취법: 문제와 지문의 내용이 일치하는지 여부에 집중해서 들으면, 비교적 쉽게 정답을
   고를 수 있습니다.(지문 내용을 완벽히 이해하지 못했더라도 낙담하지 말고, 문제
   의 내용이 对 / 不对한지에만 집중해보세요)
4. 상식적인 내용도 종종 출제되므로, 자신의 상식을 총동원해서 정답을 골라냅니다.

제2부분

문제 형식	남녀의 짧은 대화를 듣고 질문에 알맞은 정답을 고르는 문제
출제 문항	15문제
점수 배점	2.2점
문제 풀이 시간	15초
정답 체크	듣기 영역을 다 푼 후, 답안지에 체크하는 시간이 5분 주어진다. 주어진 보기 [A] [B] [C] [D] 중 정답이라고 생각되는 곳에 체크한다.

1. 보기를 보고 시간·직업·장소·관계·어투·의미 파악 중 어떤 유형의 문제인지 파악합니다.
2. 대화하는 성우를 자신의 친구로 생각하고, 어떤 말을 하는지 어떤 어투로 말하는지 귀를 쫑긋
   세워서 듣습니다.
3. 시제, 부정부사 유무, 사건 발생 여부에 주의해서 듣습니다.
4. 녹음을 들으면서 머릿속에 그 상황을 상상하는 이미지화 훈련을 해야 합니다.

제3부분

문제 형식	❶ 남녀가 각각 2번씩 대화하는 비교적 긴 대화문으로, 대화를 듣고 알맞은 정답을 고르는 문제 (10문제) ❷ 대화문이 아닌, 서술 형식의 지문에 딸린 2개의 문제를 푸는 문제 (10문제)
출제 문항	20문제
점수 배점	2.2점
문제 풀이 시간	15초
정답 체크	듣기 영역을 다 푼 후, 답안지에 체크하는 시간이 5분 주어진다. 주어진 선택항 [A] [B] [C] [D] 중 정답이라고 생각되는 곳에 체크한다.

1. 한 지문에 2개의 문제가 있다면, 대부분 힌트는 순서대로 나옵니다. 따라서 지문을 다 듣고 정답
   을 찾는 것이 아니라, 녹음이 나오기 시작하면 들리는 내용과 연관된 보기에 체크, 메모하면서
   들어야 합니다.
2. 지문 내용의 '핵심어'나 '주제어'를 묻는 문제가 자주 출제되므로, 항상 지문의 주제를 생각하는
   습관을 길러야 합니다.
3. 4급 시험에 응시하는 수험생의 실력은 모두 비슷비슷합니다. 듣기 제3부분은 누구에게나 힘들
   고 만만치 않은 부분입니다. 중간에 들리지 않는 부분이 있다고 당황하거나 포기하지 말고 끝까
   지 집중하도록 노력하세요.

이 책의 구성

★맞춤형 4급 듣기 공략 프로젝트

新HSK 시험 형식에 맞춰 1~3 부분으로 나누어져 있고, 총 15개 장으로 구성되어 있습니다. 학습 환경에 따라 15일, 30일 완성 프로젝트로 활용할 수 있습니다.

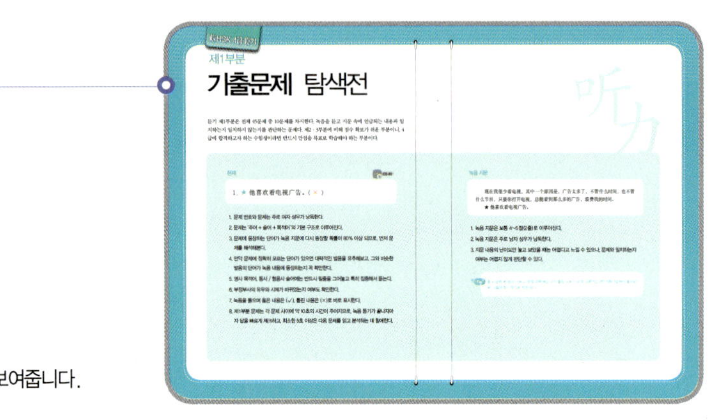

기출문제 탐색전

각 부분별 문제 유형과 공략 방법을 보여줍니다.

시크릿 백전백승

문제 유형별 핵심 비법을 공개합니다.

시크릿 확인학습

각 장에서 배운 비법을 예제에 적용해 풀어봅니다.

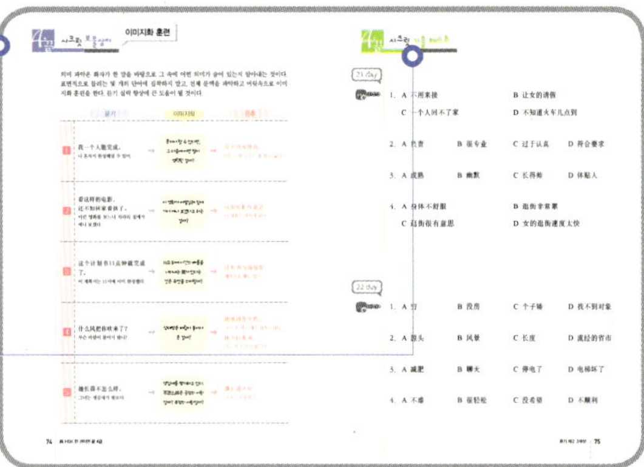

시크릿 보물상자

문제 해결에 가장 중요한 학습 내용을 모아 정리해줍니다.

시크릿 기출 테스트

기출문제를 100% 복원하여 만든 문제들을 풀어봅니다.

감동일기

그날 공부한 내용을 정리하고 틀린 문제를 메모하여 자신의 단점을 극복하고 보완해 나갑니다.

예

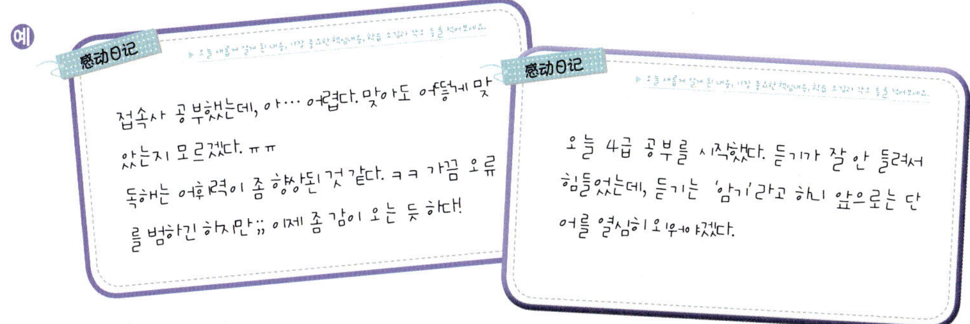

실전 모의고사

듣기 부분별 학습이 끝나면 실전 모의고사를 풀어보면서 그동안 갈고 닦은 실력을 체크할 수 있습니다.

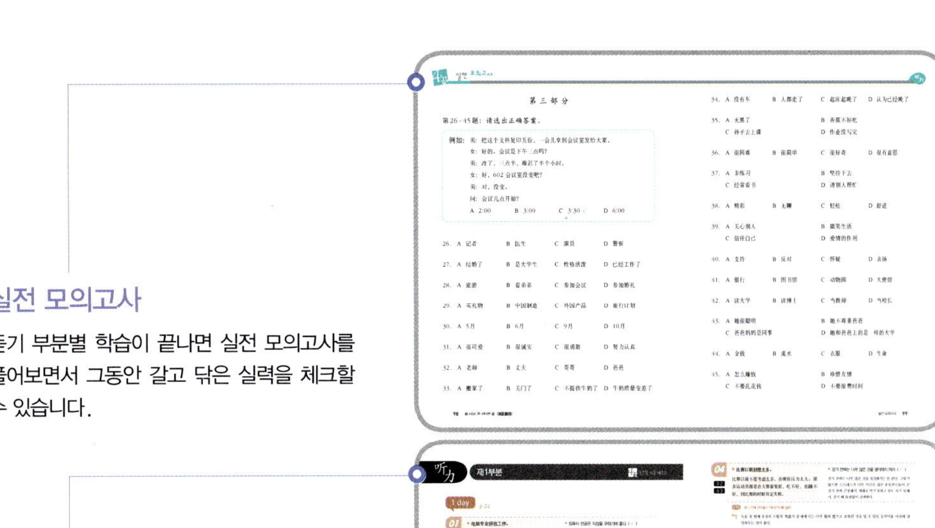

문제 해설

시크릿 기출 테스트와 실전 모의고사 문제에 대한 우리말 해석과 단어 해석, 문제 풀이 설명이 수록되어 있습니다.

新HSK 4급 기출 VOCA

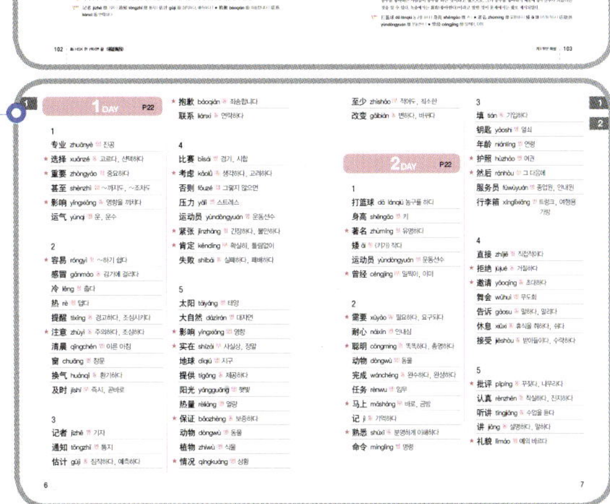

新HSK 4급 필수단어 1200개와 듣기 영역 시크릿 기출 테스트의 단어가 정리되어 있습니다. 시크릿 기출 테스트를 풀기 전에 단어장에 정리된 단어를 먼저 공부하고, 한자 훈음을 이용한 쉽고 재미있는 암기법으로 필수단어 1200개를 거뜬히 정복할 수 있습니다.

맞춤형 학습 플랜

이 책은 총 15개 장으로 구성되어 있고, 장마다 기출 테스트 약 10문제가 들어 있습니다. 기출 테스트가 2day로 나뉘어 있으므로 학습자의 상황에 따라 15일, 30일 학습 전략을 세울 수 있습니다.

15일 플랜 (대학 강의용)

대학교 수업 일수에 적절한 학습 플랜으로, 한 학기 15회에 걸쳐 완성할 수 있습니다.

하루에 듣기 1장씩 공부합니다. 홀수 day에 해당하는 문제는 수업 시간에 풀고, 짝수 day에 해당하는 문제는 과제로 풀 수 있습니다.

학습일		학습 내용	
1day	제1부분	01. 对(v)가 정답인 문제	비법 학습 + 테스트 1day (과제: 테스트 2day)
2day	제2·3부분	01. 쏙쏙~! 골라 듣는 숫자 문제	비법 학습 + 테스트 9day (과제: 테스트 10day)
3day	제1부분	02. 不对(x)가 정답인 문제	비법 학습 + 테스트 3day (과제: 테스트 4day)
4day	제2·3부분	02. 오감(五感)으로 느껴주는 어투·태도 문제	비법 학습 + 테스트 11day (과제: 테스트 12day)
5day	제1부분	03. 직접·간접 화법 문제	비법 학습 + 테스트 5day (과제: 테스트 6day)
6day	제2·3부분	03. 암기만 하면 답이 보이는 직업·관계 문제	비법 학습 + 테스트 13day (과제: 테스트 14day)
7day	제1부분	04. 혼동 어휘 문제	비법 학습 + 테스트 7day (과제: 테스트 8day)
8day	제2·3부분	04. 암기만 하면 답이 보이는 장소 문제	비법 학습 + 테스트 15day (과제: 테스트 16day)
9day	제3부분	01. 재미&감동 주는 에피소드	비법 학습 + 테스트 23day (과제: 테스트 24day)
10day	제2·3부분	05. 화자의 행위를 파악하는 동작 문제	비법 학습 + 테스트 17day (과제: 테스트 18day)
11day	제3부분	02. 주제 파악이 최우선인 설명문	비법 학습 + 테스트 25day (과제: 테스트 26day)
12day	제2·3부분	06. 그대로 들리는 핵심어	비법 학습 + 테스트 19day (과제: 테스트 20day)
13day	제3부분	03. 고정관념을 버리고 듣는 견해문	비법 학습 + 테스트 27day (과제: 테스트 28day)
14day	제2·3부분	07. '듣기의 꽃' 의미 파악 문제	비법 학습 + 테스트 21day (과제: 테스트 22day)
15day	제3부분	04. 각종 공고&안내 멘트	비법 학습 + 테스트 29day (과제: 테스트 30day)

<table>
<tr><td rowspan="5">30일 플랜
(독학용)</td></tr>
</table>

학습일	학습 내용	
1day	제1부분 01. 对(v)가 정답인 문제	비법 학습 + 테스트 1day
2day		복습 + 테스트 2day
3day	제2·3부분 01. 쏙쏙~! 골라 듣는 숫자 문제	비법 학습 + 테스트 9day
4day		복습 + 테스트 10day
5day	제1부분 02. 不对(x)가 정답인 문제	비법 학습 + 테스트 3day
6day		복습 + 테스트 4day
7day	제2·3부분 02. 오감(五感)으로 느껴주는 어투 · 태도 문제	비법 학습 + 테스트 11day
8day		복습 + 테스트 12day
9day	제1부분 03. 직접 · 간접 화법 문제	비법 학습 + 테스트 5day
10day		복습 + 테스트 6day
11day	제2·3부분 03. 암기만 하면 답이 보이는 직업 · 관계 문제	비법 학습 + 테스트 13day
12day		복습 + 테스트 14day
13day	제1부분 04. 혼동 어휘 문제	비법 학습 + 테스트 7day
14day		복습 + 테스트 8day
15day	제2·3부분 04. 암기만 하면 답이 보이는 장소 문제	비법 학습 + 테스트 15day
16day		복습 + 테스트 16day
17day	제3부분 01. 재미 & 감동 주는 에피소드	비법 학습 + 테스트 23day
18day		복습 + 테스트 24day
19day	제2·3부분 05. 화자의 행위를 파악하는 동작 문제	비법 학습 + 테스트 17day
20day		복습 + 테스트 18day
21day	제3부분 02. 주제 파악이 최우선인 설명문	비법 학습 + 테스트 25day
22day		복습 + 테스트 26day
23day	제2·3부분 06. 그대로 들리는 핵심어	비법 학습 + 테스트 19day
24day		복습 + 테스트 20day
25day	제3부분 03. 고정관념을 버리고 듣는 견해문	비법 학습 + 테스트 27day
26day		복습 + 테스트 28day
27day	제2·3부분 07. '듣기의 꽃' 의미 파악 문제	비법 학습 + 테스트 21day
28day		복습 + 테스트 22day
29day	제3부분 04. 각종 공고 & 안내 멘트	비법 학습 + 테스트 29day
30day		복습 + 테스트 30day

나만의 학습 플랜

여러분에게 딱 맞는 학습 플랜을 짜보세요.

학습일	학습 내용
1day	
2day	
3day	
4day	
5day	
6day	
7day	
8day	
9day	
10day	
11day	
12day	
13day	
14day	
15day	
16day	
17day	
18day	
19day	
20day	
21day	
22day	
23day	
24day	
25day	
26day	
27day	
28day	
29day	
30day	

나에게 꼭 맞는 수험서 선택 비법

▶ 출제 경향을 얼마나 반영했는가?

가장 신뢰할만한 HSK 문제는 기출문제입니다. 이 책은 근간에 실시된 모든 기출문제를 철저히 분석하여 출제 경향을 최대한 완벽하게 반영했습니다.

▶ 설명은 얼마나 친절하고 명쾌한가?

이 책은 급수의 당락을 판가름하는 난이도 최상의 문제부터 너무 쉬워서 답이 뻔히 보이는 문제까지, 하나도 소홀히 하지 않고 학습자의 눈높이에서 알기 쉽게 설명했습니다.

▶ 단어는 충분히 정리되어 있는가?

시험은 한 달밖에 남지 않았는데 책을 보자니 모르는 단어가 너무 많고, 단어부터 외우자니 막막하다면? 이 책은 4급에 처음 입문하는 초보자들도 쉽게 공부할 수 있도록 실제 문제에서 다뤄진 모든 단어를 총망라하여 사전이 필요 없을 정도로 친절하게 정리했습니다. 또한, 新HSK 4급에서 자주 출제되는 중요 단어를 ★표로 표시하여 학습자들이 시험에 신속히 적용할 수 있습니다.

▶ 학습량은 적절한가?

학습자가 소화할 수 없을 정도로 많은 양의 정보를 주입식으로 쏟아붓는 것은 정보를 주지 않느니만 못합니다. 이 책은 부분별로 가장 적절한 학습량을 구성하여 4급에서 꼭 필요한 수준으로 엑기스를 뽑아 정리했습니다.

▶ 비법은 얼마나 들어 있는가?

수험서를 사서 공부하는 이유는 시험에서 가장 좋은 성적을 얻기 위해서입니다. 빠른 시간 안에, 좀 더 쉽고 재미있게 공부하기 위해서는 저자의 비법이 소개되어야 합니다. 이 책에서는 십수 년 베테랑 HSK 강사의 노하우와 비법을 숨김없이 공개했습니다.

▶ 좋은 책, 좋은 저자, 좋은 출판사인가?

보기 좋은 책이 공부하기도 좋습니다. 이 책은 학습 의욕을 높여주고 효과를 극대화할 수 있도록 일목요연하게 디자인 및 구성되었을 뿐만 아니라, 오랜 강의 경력을 갖춘 열정적이고 실력 있는 저자와 좋은 책에 아낌없이 투자하는 역사와 전통을 갖춘 어학 전문 출판사의 경험을 통해 학습자에게 최적화될 수 있도록 만들어졌습니다.

▶ 본인에게 맞는 책인가?

인터넷의 판매 순위나 정보에만 의존하여 책을 고르기보다는 서점에서 직접 펼쳐 보고 확인해보는 것이 중요합니다. 다른 사람의 평가보다는 자신의 기준으로, 자신의 수준에 잘 맞는 책인지, 공부하고 싶어지는 책인지, 그 첫 설렘을 느껴보세요.

목차   C o n t e n t s

공략편

듣기 부분 mp3와 녹음 스크립트는 CD 안에 수록되어 있습니다.

제1부분

제2·3부분 대화문

新 HSK 4급 이것이 궁금하다!

Q 4급의 구성과 시험 시간은 어떻게 되나요?

A 新 HSK 4급은 총 100문제로 듣기·독해·쓰기 3부분으로 나뉘며, 100문항을 약 100분 동안 풀게 됩니다. 듣기 시험을 마치고 나면 답안 작성 시간이 5분 주어집니다.

시험구성		문항 수	배점	시험 시간
개인정보 작성 시간				5분
듣기	제1부분	10		
	제2부분	15	45문항 100점	약 30분
	제3부분	20		
듣기 답안지 작성 시간				5분
독해	제1부분	10		
	제2부분	10	40문항 100점	40분
	제3부분	20		
쓰기	제1부분	10	15문항 100점	25분
	제2부분	5		
총계		100문항	300점	약 105분

Q 몇 점이면 합격인가요?

A 총점 180점 이상이면 합격입니다. 영역별 과락 없이 총점만 180점을 넘으면 되지만, 성적표에 영역별 성적이 모두 표기되기 때문에 점수가 현저히 낮은 영역이 있는 것은 좋지 않습니다.

Q 新 HSK 4급은 구HSK의 몇 급에 해당하나요?

A 新 HSK 4급은 구HSK의 3~5급을 의미합니다. 따라서 4급을 180점으로 합격했다고 바로 新 HSK 5급을 준비하는 것보다는, 210점 이상의 점수를 받은 후에 도전하는 것이 바람직합니다.

新 HSK 4급	180점 이상	구HSK 3급에 해당
	195점 이상	구HSK 4급에 해당
	210점 이상	구HSK 5급에 해당

Q 영역별 배점은 어떻게 되나요?

A 중국 汉办에 직접 문의한 결과 영역별 배점은 아래와 같습니다. 쓰기 제2부분은 어법 오류나 틀린 글자가 있으면 감점되고, 간단하게 쓰는 것보다 길게 쓰면 점수가 높아집니다.

영역		문항 수	배점	총점	
듣기		45문항	2.2점	100점	
독해		40문항	2.5점	100점	
쓰기	제1부분	10문항	6점	60점	100점
	제2부분	5문항	8점	40점	

Q 얼마나 공부하면 4급을 받을 수 있나요?

A 사람마다 실력이나 투자할 수 있는 시간이 다르기 때문에 정해진 답은 없습니다. 하지만 〈新HSK 한 권이면 끝 - 4급〉을 보고 '아! 공부하면 할 수 있겠다!'라는 생각이 드는 수준이라면 이 책으로 30일간 집중 학습하고, 다시 한 달 동안 모의고사 문제집을 풀면서 복습하는 방식으로, 2달에 2권 정도의 교재를 마스터하면 4급을 충분히 받을 수 있습니다.

Q 기출문제가 중요한가요?

A 기출문제가 시험에 다시 나오든 나오지 않든, 기출문제는 실제 시험문제의 유형과 난이도를 직접 느낄 수 있는 최적의 문제입니다. 이 책은 기출문제를 토대로 실제 시험문제와 가장 유사하게 만든 문제들로 구성하여 실전 감각을 익힐 수 있습니다.

Q 기출문제는 반복 출제되나요?

A 기출문제의 반복 출제는 지금까지 학계에서 논란이 되어왔습니다. 중국 汉办에서는 기출문제를 꾸준히 교재로 출간하고, 향후 기출문제의 재사용을 자제할 예정이라고 합니다. 그렇기 때문에 기출문제의 답만 무조건 외우는 것이 아니라, 문제를 충분히 이해하고 소화하여 자신의 실력을 높이는 수단으로 사용하는 것이 효과적입니다.

Q 시험 난이도는 계속해서 높아질까요?

A 新HSK의 개정은 중국어의 세계적인 보급을 목적으로 하기 때문에 학생들의 성적이 좋다고 해서 난이도를 끝없이 상향 조정할 수는 없습니다. 현재의 형식을 유지하는 선에서, 매회 난이도의 차이가 조금씩 있을 수는 있지만, 큰 변동은 없을 것이라 예상됩니다.

Q 정기시험 일자는 어떻게 되나요?

A 新HSK 시험은 연간 8회 정도 실시되며, 실시 지역과 시행 급수가 매회 다르므로, HSK 한국사무국 홈페이지(www.hsk.or.kr)에서 확인하는 것이 좋습니다.

Q 시험 성적은 언제 나오며 언제까지 유효한가요?

A 시험 1개월 후부터 HSK 한국사무국 홈페이지를 통해 성적 조회가 가능하며, 시험일로부터 40일경에 성적표를 등기우편으로 받아볼 수 있습니다. 시험 성적은 시험일로부터 2년간 유효합니다.

 新 HSK 4급 시험 보는 날 !

1. 준비물 챙기기

수험표 ☐   신분증 ☐   2B연필 ☐   지우개 ☐   손목시계 (분침이 있는 아날로그 시계) ☐

(※ 시험 당일 유효 신분증이나 수험표가 없으면 시험에 응시할 수 없으니 반드시 미리 준비해둡니다.)

2. 고시장 확인하기

자신이 시험 보는 고시장 약도를 HSK 한국사무국 홈페이지에서 출력한 후, 교통편과 소요 시간을 넉넉히 예상해둡니다.

3. 컨디션 조절하기

신체적으로나 감정적으로 평온한 상태가 유지될 수 있도록 합니다.

3禁
① 자극적인 음식이나 과식은 금물!
② 과도한 외부 활동이나 힘든 일은 금물!
③ 친구나 가족과 싸우는 일은 금물!

★ 집에서 할 일

1. 기상 : 지각하지 않도록 일찍 일어나 준비합니다.
2. 식사 : 두뇌활동이 활발해지도록 반드시 식사를 하되, 국물 종류를 너무 많이 마시면 자주 화장실에 가게 되므로 자제합니다.
3. 의상 : 활동이 편한 복장으로 너무 덥거나 춥지 않게 입습니다. 얇은 옷을 여러 개 입는 것도 체온 조절에 도움이 됩니다.
4. 준비물 : 전날 미리 챙겨둔 준비물을 다시 한 번 확인합니다.
5. 복습자료 : 이동 중에 복습할 교재와 MP3도 가방에 챙겨둡니다.

★ 이동 중에 할 일

1. 듣기 : 첫 시험 영역이 듣기이므로, 워밍업하듯이 그 동안 공부했던 내용을 MP3로 들으면서, 머릿속으로 답을 떠올려봅니다.
2. 쓰기 : 자주 잊어버렸던 단어나 획수가 많은 단어를 다시 써봅니다.

※ 단, 복습에 너무 열중하다가 내릴 정거장을 지나치지 않도록 유의합니다.

★ 시험장에서 할 일

1. 좌석 찾기 : 자신이 시험 볼 고시장(교실)과 책상을 확인합니다.
2. 시험용품 정리 : 수험표, 신분증, 연필, 지우개, 손목시계를 책상 위에 정리해둡니다.
3. 가방 정리 : 시험 30분 전에 감독관이 들어오면, 학습자료와 기타 소지품을 가방에 정리하여 고시장 맨 앞이나 뒤에 가져다 놓습니다.
4. 화장실 다녀오기 : 시험 중에 고시장을 나갈 수 없으므로, 적어도 시험 시작 15분 전까지는 화장실에 한 번 다녀오는 것이 좋습니다.
5. 심신 안정하기 : 간단한 스트레칭으로 몸을 풀어주고, 명상하는 마음으로 마음의 평정을 유지합니다.

新 HSK 한 권이면 끝 4급

듣기

공략편

제1부분

기출문제 탐색전

듣기 제1부분은 전체 45문제 중 10문제를 차지한다. 녹음을 듣고 지문 속에 언급되는 내용과 일치하는지 일치하지 않는지를 판단하는 문제다. 제2·3부분에 비해 점수 확보가 쉬운 부분이니, 4급에 합격하고자 하는 수험생이라면 반드시 만점을 목표로 학습해야 하는 부분이다.

문제  CD-01

1. ★ 他喜欢看电视广告。(✕)

1. 문제 번호와 문제는 주로 여자 성우가 낭독한다.

2. 문제는 '주어 + 술어 + 목적어'의 기본 구조로 이루어진다.

3. 문제에 등장하는 단어가 녹음 지문에 다시 등장할 확률이 80% 이상 되므로, 먼저 문제를 해석해본다.

4. 만약 문제에 정확히 모르는 단어가 있으면 대략적인 발음을 유추해보고, 그와 비슷한 발음의 단어가 녹음 내용에 등장하는지 꼭 확인한다.

5. 명사 목적어, 동사 / 형용사 술어에는 반드시 밑줄을 그어놓고 특히 집중해서 듣는다.

6. 부정부사의 유무와 시제가 바뀌었는지 여부도 확인한다.

7. 녹음을 들으며 옳은 내용은 (✓), 틀린 내용은 (✕)로 바로 표시한다.

8. 제1부분 문제는 각 문제 사이에 약 10초의 시간이 주어지므로, 녹음 듣기가 끝나자마자 답을 빠르게 체크하고, 최소한 5초 이상은 다음 문제를 읽고 분석하는 데 할애한다.

녹음 지문

现在我很少看电视，其中一个原因是，广告太多了，不管什么时间，也不管什么节目，只要你打开电视，总能看到那么多的广告，浪费我的时间。

★ 他喜欢看电视广告。

1. 녹음 지문은 보통 4~5절(2줄)로 이루어진다.

2. 녹음 지문은 주로 남자 성우가 낭독한다.

3. 지문 내용의 난이도만 놓고 보았을 때는 어렵다고 느낄 수 있으나, 문제와 일치하는지 여부는 어렵지 않게 판단할 수 있다.

총 10문제 중 옳은 내용(√)으로 이루어진 것과 틀린 내용(×)으로 이루어진 것이 대략 5문제씩 출제되므로, 비율은 50 : 50으로 보면 된다.

01 __ 对(√)가 정답인 문제

듣기 제1부분

듣기 문제를 풀 때는 먼저 두려운 마음을 없애자. 녹음을 듣고 나서 '도대체 무슨 소리를 하는지 모르겠다'라고 생각하며, 답답한 가슴을 쥐어뜯는 친구도 있을 것이다. 그러나 괜찮다. 아무리 길고 어려운 문장이 나와도 겁먹지 말자. 우리는 제시된 문제에서 핵심어(특히 술어)에 체크한 후, 그 부분이 일치하는지 아닌지만 판단하면 된다. 안 들린다고 빈칸으로 남겨두지 말고, 과감히 对(√)와 不对(×)를 체크해보자!

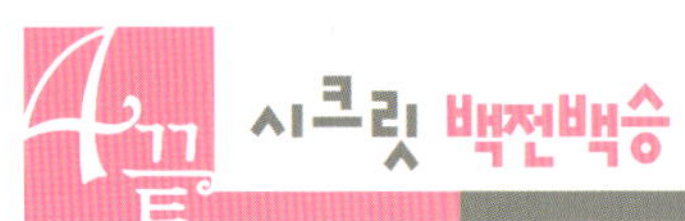

1 들리는 게 곧 정답!

녹음 지문의 핵심어가 문제에 그대로 쓰이거나, 유사한 뜻의 어휘가 쓰인다.

2 문제를 최대한 활용하라! 특히 술어에 주목!

① 먼저 제시된 문제를 보고, 녹음에서 다르게 바뀌어 나올 가능성이 있는 부분에 밑줄을 그어놓는다. 특히 동사나 형용사 술어는 정답을 파악하는 중요한 단서가 될 수 있으니 밑줄을 긋고, 최대한 집중해서 들어야 한다.

　예　★ 做西红柿鸡蛋汤很简单。 토마토 계란 스프를 만드는 것은 아주 간단하다.

② 녹음 지문을 듣기 전, 문제에 등장한 단어들을 속으로 발음해보자.

3 처음과 끝을 잘 들어라!

힌트는 문장의 곳곳에 숨어 있다. 녹음 지문의 맨 처음, 맨 뒤 혹은 중간에 나올 수도 있다. 앞 문제를 신경 쓰다 보면 다음 문제의 앞부분을 놓치거나, 집중도가 떨어져 뒷부분을 잘 못 들을 수 있으니, 지나간 문제는 잊어버리고 처음부터 다시 집중해서 들어야 한다.

4 촉각을 곤두세워라!

잘 안 들리거나 해석이 잘 안 된다고 포기하지 말자! 자신의 감각(feel)을 최대한 이용하여 긍정적 내용인지 부정적 내용인지만이라도 느껴본다. 자신의 '촉'을 믿어보자!

고수들에게 고함!
지문 내용의 해석이 잘되는 고수들이라면 '√', '×' 체크에만 신경 쓰지 말고, 들은 내용을 우리말로 간단히 메모해보자.

 **시크릿 확인학습**

CD-02

문제 1 ★ 他学英语记不住。（　　）

| **문제 분석** | 배운 영어를 잘 기억할 수 있는지 여부에 집중! ◀ S1, S2, S4 적용

★ 他学英语**记不住**。

我爸非让我学英语。我不管怎么背，也**记不住**。今天刚学的，第二天感觉又全是新的了，再学，还是忘。

★ 그는 영어를 배워도 **잘 기억하지 못한다**. (✓)

아버지는 나에게 영어를 배워야 한다고 했다. 나는 어떻게 외우든지 **잘 기억하지 못한다**. 오늘 막 배운 것은 다음날이 되면 또 전부 새로운 것처럼 느껴진다. 다시 배워도 또 잊어버린다.

| **해설** | 녹음 지문에서 记不住라고 말한 것을 듣고, '나'는 영어를 어떻게 외우든지 잘 기억하지 못한다는 것을 알 수 있다. 앞부분에서 记不住라는 말을 듣지 못했더라도 마지막 부분의 '다시 배워도 여전히 잊어버린다'는 말을 듣고 답을 고를 수 있다.

| **단어** | 学 xué 동 배우다, 학습하다 | 英语 Yīngyǔ 명 영어 | 记不住 jìbuzhù 동 잘 기억하지 못하다, 제대로 외우지 못하다 | 非…（不可） fēi…(bùkě) ~하지 않으면 안 된다, ~가 아니면 안 된다 | 不管 bùguǎn 접 ~에 관계없이, ~을 막론하고 | 背 bèi 동 외우다, 암기하다 | 刚 gāng 부 방금, 막 | 第二天 dì èr tiān 명 이튿날, 다음날 | ★ 感觉 gǎnjué 동 느끼다 | 全 quán 부 완전히, 전부 | 还是 háishi 부 여전히, 아직도 | 忘 wàng 동 잊다, 생각이 안 나다

CD-03

문제 2 ★ 他非跟小红结婚不可。（　　）

| **문제 분석** | 결혼을 할 것인지 여부에 집중! ◀ S2, S3 적용

★ 他非跟小红结婚不可。

不管父母同意还是不同意，**他都要跟小红结婚**，他相信自己的选择。

★ 그는 반드시 샤오홍과 결혼할 것이다. (✓)

부모님이 허락을 하시든 안 하시든 관계없이, **그는 샤오홍과 결혼할 것이다**. 그는 자신의 선택을 믿는다.

| **해설** | 부모님이 허락을 하시든 안 하시든 그는 샤오홍과 결혼할 것이라고 했으므로, 옳은 내용이라는 것을 알 수 있다. 非…不可(반드시 ~한다 = 一定要)는 이중부정으로, 부정적인 단어 두 개를 함께 써서 강한 긍정의 의미를 나타낸다.

| **단어** | 不管 bùguǎn 접 ~에 상관없이 | ★ 同意 tóngyì 동 동의하다, 허락하다 | 结婚 jiéhūn 동 결혼하다 | 相信 xiāngxìn 동 믿다 | ★ 选择 xuǎnzé 명 선택

1 day

1. ★ 电脑专业好找工作。　　　（　　　）

2. ★ 春天容易感冒。　　　（　　　）

3. ★ 他下周回来。　　　（　　　）

4. ★ 比赛以前别想太多。　　　（　　　）

5. ★ 太阳对大自然的影响很大。　　　（　　　）

2 day

1. ★ 他爱打篮球。　　　（　　　）

2. ★ 教狗学习需要耐心。　　　（　　　）

3. ★ 填完表后拿钥匙。　　　（　　　）

4. ★ 不要直接拒绝别人的邀请。　　　（　　　）

5. ★ 他批评明明不认真听讲。　　　（　　　）

02 不对(✕)가 정답인 문제

듣기 제1부분

'对(✓)가 정답인 문제'는 제시된 문제에 녹음 내용과 일치하는 동의어나 유의어가 등장하지만, '不对(✕)가 정답인 문제'는 반의어나 不와 같은 부정부사가 제시되어 녹음 내용과 반대되는 상황을 묘사하거나, 새로운 어휘를 제시해 혼동을 일으킨다. 이런 경우에 술어와 목적어에 유의하여, 문제가 지문과 일치하는지 아닌지만 판단하면 된다. 제시된 문제와 녹음 지문에 어떠한 공통점이 있는지 확인하면서 학습해보자! 한층 더 업그레이드된 시험 감각이 생길 것이다.

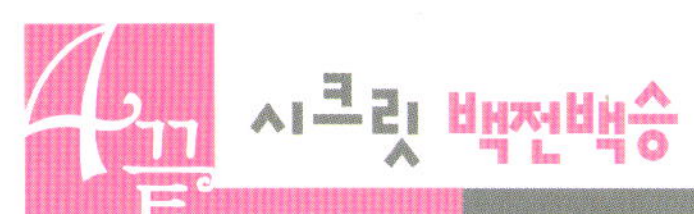

1 들은 내용과 제시어가 다르다!

예 ★ 他发音不怎么样。 그는 발음이 별로다. (✕)

[녹음] 他的发音不错。 그의 발음은 좋다.

不怎么样은 '별로다, 그저 그렇다'라는 부정적인 뜻이지만, 녹음의 不错는 很好와 비슷한 의미로, '좋다, 괜찮다'라는 긍정의 뜻을 나타내므로 '✕'로 체크해야 한다.

2 문제를 최대한 활용하라! 특히 술어에 주목!

① 문제의 어떤 부분이 다르게 바뀌어 나올지를 예상하여 밑줄을 그어놓자. 이때 특히 술어와 목적어에 유의한다.

예 ★ 姐妹俩性格差不多。 자매 둘의 성격이 비슷하다. (✕)

[녹음] 姐妹俩性格完全不一样。 자매 둘의 성격이 완전히 다르다.

② 녹음을 듣기 전에 문제에 등장한 단어들을 속으로 발음해본다.

3 핵심 명사와 술어에 집중하라!

4급 듣기에서는 핵심 명사나 술어를 바꿔치기하는 경우가 많다. 또한 녹음 지문에 등장하지 않은 어휘가 문제에 제시되거나 부정부사 不를 삽입하여 문장의 의미를 바꿔놓는 경우가 많으므로 조심해야 한다.

예 명사 바꿔치기 : ★ 他们要坐出租车。 그들은 택시를 타려 한다. (✕)

[녹음] 出租车贵，还是坐公车吧。 택시는 비싸니, 버스를 타자.

술어 바꿔치기 : ★ 我不爱吃苹果。 나는 사과 먹는 것을 싫어한다. （✕）

[녹음] 我很喜欢吃苹果。 나는 사과 먹는 것을 아주 좋아한다.

새 단어 제시 : ★ 朋友送我衣服。 친구가 나에게 옷을 선물했다. （✕）

[녹음] 我逛街买衣服。 나는 거리를 구경하다 옷을 샀다.

4 연습은 실전처럼 하라!

듣기는 다른 어떤 영역보다도 시험 당일 컨디션이나 마음가짐에 따라 점수 편차가 큰 영역이다. 문제를 풀면서 연습이라는 생각을 하지 마라! 이번이 마지막인 것처럼 온 신경을 집중해서 연습해야 실전에서도 긴장하지 않고 좋은 성적을 거둘 수 있다.

5 자신을 믿어라!

자신의 '촉(feel)'을 믿고 과감히 답을 체크해야 한다. 이번 문제를 못 알아 들었다고 우물쭈물하다가는 다음 문제에까지 영향을 미쳐 시험을 더 망칠 수 있다. 자신을 믿고 팍팍! 정답에 체크하자.

고수들에게 고함!

내용을 간단하게 메모해보라고 조언하였다. 제1부분 문제는 대강의 내용만 알아도 풀 수 있지만, 앞으로 배울 제2·3부분에서는 대화나 지문 내용이 길게 나오기 때문에 기억력에만 의존하기보다는 메모하는 습관을 길러야 한다.

 CD-06

문제 1 ★ 姐妹俩性格差不多。(　　　)

| 문제 분석 | 두 자매의 성격이 비슷한지 여부에 집중! ─── **S2, S3 적용**

★ 姐妹俩性格差不多。

虽然她们俩是姐妹，但性格完全不一样。姐姐非常安静，很少说话；妹妹正好相反，最喜欢和人聊天。

★ 자매 둘의 성격이 비슷하다. (×)

비록 그 두 사람은 자매지만 성격은 완전히 다르다. 언니는 매우 조용하고 말수가 적으며, 동생은 반대로 사람들과 이야기하는 것을 가장 좋아한다.

| 해설 | 술어 바꿔치기 문제다. 첫 부분에서 두 사람은 자매지만 성격이 완전히 다르다고 했으므로, 주어진 문장과 반대되는 내용이다. 또한 언니는 조용하고 말수가 적은데 동생은 이야기하는 것을 좋아한다고 했으므로, 이 문장은 녹음 내용과 다르다는 것을 알 수 있다.

단어 姐妹 jiěmèi 명 자매 | 俩 liǎ 준 두 개, 둘 | 性格 xìnggé 명 성격 | 差不多 chàbuduō 형 비슷하다, 차이가 별로 없다 | ★安静 ānjìng 형 조용하다 | 正好 zhènghǎo 부 마침, 공교롭게도 | 相反 xiāngfǎn 동 상반되다, 반대되다 | 聊天 liáotiān 동 이야기하다, 대화하다

 CD-07

문제 2 ★ 李丽和好朋友陈惠想找个新房子搬出去。(　　　)

| 문제 분석 | 이사를 하고자 하는 사람이 누구인지에 집중! ─── **S3 적용**

★ 李丽和好朋友陈惠想找个新房子搬出去。

大学毕业以后，李丽和好朋友陈惠一起找一套房子，房费一人出一半。这样既省钱又可以有个伴儿，挺好的。可现在陈惠有了男朋友，李丽又觉得不方便了，想找个房子搬家。

★ 리리와 친한 친구 천후이는 새집을 구해서 이사하고 싶어한다. (×)

대학 졸업 이후, 리리와 친한 친구 천후이는 함께 집을 구해서, 방세는 반반씩 지불했다. 이렇게 하니 돈도 절약되고 함께 살 룸메이트가 있어서 정말 좋았다. 하지만 지금은 천후이에게 남자친구가 생겼고, 리리는 불편하다고 생각되어, 집을 구해 이사하고 싶어한다.

| 해설 | 리리는 친구 천후이랑 함께 사는 것에 아주 만족했으나, 천후이에게 남자친구가 생기자 다른 집을 구해서 이사하고 싶어함을 알 수 있다. 즉 원래는 두 사람이 집을 구해서 살았지만, 지금 이사하고 싶어하는 사람은 리리뿐이므로, 이 문장은 녹음 내용과 다르다.

단어 好朋友 hǎo péngyou 명 친한 친구 | 新房子 xīn fángzi 명 새집 | 搬 bān 동 옮기다, 이사하다 | 毕业 bìyè 동 졸업하다 | 套 tào 양 세트(집, 가구 등) | 房费 fángfèi 명 방세 | 既…又… jì…yòu… 접 ~하기도 하고, ~하기도 하다 | 省钱 shěngqián 동 돈을 절약하다 | 伴儿 bànr 명 동료, 짝 | 觉得 juéde 동 ~라고 느끼다 | 方便 fāngbiàn 형 편리하다

CD-08

1. ★ 他没带护照。 (　　)

2. ★ 他想参加网球比赛。 (　　)

3. ★ 海洋里的植物很少。 (　　)

4. ★ 他刚下飞机。 (　　)

5. ★ 面试时必须准时到。 (　　)

CD-09

1. ★ 他们要坐地铁。 (　　)

2. ★ 很多人仍然爱看报纸。 (　　)

3. ★ 新房子是她用工资买的。 (　　)

4. ★ 他们聊天儿忘了下车了。 (　　)

5. ★ 妻子希望丈夫陪她逛街。 (　　)

03 직접 · 간접 화법 문제

듣기 제1부분

앞에서 '对(✓) 문제' 패턴과 '不对(✗) 문제' 패턴을 학습했다. 이번에는 몇몇 힌트 어휘로 답을 쉽게 찾아낼 수 있는 '직접 화법' 문제와 지문 전체의 내용을 이해해야 풀 수 있는 '간접 화법' 문제로 실력 다지기를 할 것이다. '직접 화법' 문제는 대개 녹음 지문의 어휘와 뜻이 유사한 어휘를 문제에 제시하고, '간접 화법' 문제는 지문 전체의 내용을 이해해서 정답을 유추해야 하는 경우가 많다.

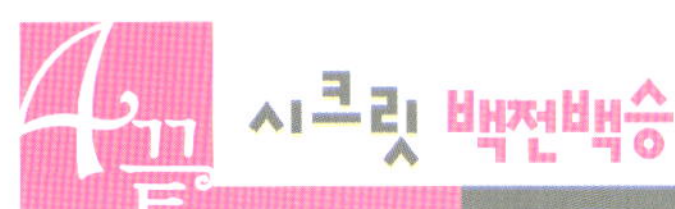

1 들은 내용과 제시어의 의미가 상통한다!

예 ★ 他最近发胖了。(✓)

[녹음] 他最近发福了。 그는 최근에 살이 쪘다.

2 문제를 최대한 활용하라!

① 문제를 먼저 보고 녹음에 나올 내용을 예상하여 중요한 어휘에 밑줄을 그어놓았다가, 그 어휘가 녹음에서 어떻게 나오는지 집중해서 듣는 습관을 기른다.

예 ★ 他做事太马虎。 그는 일 처리가 너무 세심하지 못하다. → 일 처리가 어떤지에 집중!

② 지문을 듣기 전 문제에 등장한 단어들을 속으로 발음해보자.

3 동의어에 익숙해져라!

'직접 화법' 문제는 힌트가 제시되기는 하지만 제시된 문장과 똑같은 단어를 사용하는 것이 아니라, 동의어나 유의어로 재표현되는 경우가 많다. 따라서 동의어를 많이 알고 있다면 문제 풀기가 훨씬 수월해진다.

예 암기형 동의어 : 有的是 ＝ 有很多　 매우 많다, 얼마든지 있다

　　　　　　　　病得厉害 ＝ 很严重　 병이 심각하다

　　　　　　　　来不及 ＝ 没有时间　 시간이 촉박하다, 시간이 없다

　　　조합형 동의어 : 부정부사 ＋ 반대말 ＝ 동의어

　　　　　　　　很少 매우 적다 ＝ 不多 많지 않다

　　　　　　　　很难 매우 어렵다 ＝ 不容易 쉽지 않다

　　　　　　　　很好 매우 잘한다 ＝ 不错 괜찮다, 잘한다

4 전체 내용을 음미하는 습관을 길러라!

'간접 화법' 문제는 직접적인 힌트가 제시되지 않고, 녹음 내용을 재해석한 표현으로 문장이 제시되는 경우가 많다. 단어 하나하나에 너무 연연하지 말고, 전체 내용의 윤곽을 잡는 것이 중요하다.

> **예** ★ 这个宾馆很差。 이 호텔은 매우 안 좋다. (✓)
>
> [녹음] 这个宾馆连香皂、热水都没有。 이 호텔은 비누와 온수조차 나오지 않는다.

5 항상 기쁜 마음으로 공부하라!

듣기를 잘하는 방법은 제일 먼저 자신의 실력을 인정하는 것에서부터 시작한다. 10문제 중 1개를 맞았든, 2개를 맞았든 스스로 인정하고 그 다음날 3문제를 맞으면 기뻐하자. 그렇게 연습해서 10일만 지나면 만점을 받을 수도 있기 때문이다. 다른 사람과 비교하지 말고, 오직 자신에게만 집중하며 여유를 갖고 학습한다면 만점은 생각보다 아주 가까이에서 여러분을 기다리고 있을 것이다.

고수들에게 고함!

메모에는 요령이 있다. 자신에게 맞는 메모법을 찾아보자!

① 한국어로 간단히 메모하기

② 모르는 단어는 병음으로 메모하기

③ 병음으로 쓰는 것이 헷갈리면 한국식 발음으로 메모하기

④ 병음의 첫 자음이라도 메모하기

⑤ ○ / × / ~ / → 등 간단한 부호를 활용하여 메모하기

 CD-10

문제 1 ★ 习惯很难改变。（   ）

| 문제 분석 | 습관을 고치기가 어떤지에 집중! ◀ S1, S3 적용

★ 习惯很难改变。

习惯是不容易改变的，所以在孩子小的时候，父母要培养孩子良好的生活、学习习惯。

★ 습관은 고치기가 매우 어렵다. (✓)

습관은 쉽게 고칠 수 없기 때문에, 아이가 어렸을 때, 부모는 아이들에게 좋은 생활 습관과 학습 습관을 길러줘야 한다.

| 해설 | 녹음 지문에서 습관은 고치기가 어렵다고 했으므로, 주어진 문장은 옳은 내용이 된다. 문장의 '很难(매우 어렵다)'과 녹음 지문의 '不容易(쉽지 않다)'는 같은 의미다.

| 단어 | ★ 习惯 xíguàn 몡 습관, 버릇 | 改变 gǎibiàn 동 고치다, 바꾸다 | 培养 péiyǎng 동 기르다, 키우다 | 良好 liánghǎo 형 좋다, 훌륭하다

 CD-11

문제 2 ★ 她不愿意用宾馆的毛巾。（   ）

| 문제 분석 | 그녀가 호텔의 수건을 쓰고 싶어하는지 여부에 집중! ◀ S4 적용

★ 她不愿意用宾馆的毛巾。

虽然大部分宾馆会向客人提供免费的牙刷、牙膏和毛巾，但是只要出差，她都会自己带着这些，尽量不用宾馆里的。

★ 그녀는 호텔의 수건을 쓰고 싶지 않다. (✓)

비록 대부분의 호텔에서 고객들에게 무료로 칫솔, 치약, 수건을 제공하지만, 그녀는 출장을 가기만 하면 이러한 것들을 직접 가지고 다니며, 가능한 호텔 것을 쓰지 않으려고 한다.

| 해설 | 그녀는 칫솔, 치약, 수건을 모두 직접 가지고 다니며 사용한다고 했다. 녹음 내용에 의하면 그녀가 호텔에서 제공하는 물건을 쓰고 싶지 않기 때문에 자신의 물건을 챙겨간다는 것을 알 수 있다.

| 단어 | ★ 愿意 yuànyì 동 원하다, 바라다 | 宾馆 bīnguǎn 몡 호텔 | 毛巾 máojīn 몡 수건 | 虽然…但是 suīrán… dànshì 비록 ~일지라도 ~하다 | ★ 提供 tígōng 동 제공하다 | 免费 miǎnfèi 동 무료로 하다 | 牙刷 yáshuā 몡 칫솔 | 牙膏 yágāo 몡 치약 | 只要 zhǐyào 접 ~하기만 하면 | 出差 chūchāi 동 출장 가다 | ★ 尽量 jǐnliàng 믠 가능한, 되도록

5 day

 CD-12

1. ★ 表格填写错了。　　　　　　（　　）

2. ★ 小刘受到了表扬。　　　　　　（　　）

3. ★ 很多学生希望出国留学。　　　（　　）

4. ★ 多出汗对身体好。　　　　　　（　　）

5. ★ 阳光的作用很大。　　　　　　（　　）

6 day

CD-13

1. ★ 第一印象不容易忘记。　　　　（　　）

2. ★ 年轻人应该相信自己。　　　　（　　）

3. ★ 公司今年经济情况更好了。　　（　　）

4. ★ 他想给小王这张演出票。　　　（　　）

5. ★ 发短信很麻烦。　　　　　　　（　　）

04 혼동 어휘 문제

듣기 제1부분

혼동 어휘 문제는 문제 풀이의 힌트가 되는 핵심어와 혼동 요인이 되는 어휘가 2개 이상 존재하는 문제를 말한다. 녹음 내용을 어느 정도 이해하고 있음에도 불구하고 몇몇 혼동 어휘 때문에 정답을 놓치는 경우가 종종 발생하므로, 혼동되는 어휘를 잘 메모하여, 두 개의 내용이 섞이지 않도록 해야 한다. 이번 장에서는 강화 훈련을 통하여 혼동 어휘 문제를 확실히 마스터하자!

1 혼동 어휘가 등장한다!

녹음 지문에 두 가지 명사나 동사 등이 제시되어 수험생을 혼동시킨다.

예 ★ 我的男朋友爱做菜，我的同屋喜欢玩游戏。

　　내 남자친구는 요리하기를 좋아하고, 내 룸메이트는 게임하는 것을 좋아한다.

2 문제를 최대한 활용한다!

① 문제의 어떤 부분이 다르게 바뀌어 나올지 예상하여 밑줄을 그어놓는다.

예 ★ 我以前的同屋爱干净。 내 예전 룸메이트는 깨끗한 걸 좋아한다.

→ 현재의 룸메이트인지, 예전의 룸메이트인지에 주의!

② 지문을 듣기 전 문제에 등장한 단어들을 속으로 발음해보자.

3 대비되는 어휘를 메모하라!

간단한 메모를 남기는 방법으로 두 개의 내용이 섞이지 않도록 한다.

시제	以前 예전 现在 현재	小时候 어렸을 때 长大后 성장한 후	结婚前 결혼 전 结婚后 결혼 후
장소	东方 동쪽 西方 서쪽	南方 남쪽 北方 북쪽	亚洲 아시아 欧洲 유럽
신분	孩子 아이 父母 부모	学生 학생 老师 선생님	顾客 고객 售货员 점원

4 녹음 듣기가 끝남과 동시에 답을 결정하라!

녹음을 듣고 오랫동안 생각하면 정답을 맞힐 수 있다고 생각하는 사람들이 많지만, 사실은 그렇지 않다. 정확히 문제를 분석하고 들은 내용을 이해했다면, 듣기가 끝남과 동시에 답이 결정되어야 한다.

5 문제를 미리 읽는 타이밍을 놓치지 마라!

헷갈리는 문제가 나오면 정답을 고민하다가 그 다음 문제를 읽고 분석하는 시간을 놓치는 경우가 많다. 녹음은 나를 기다려주지 않으니, 시간까지도 자신이 주체적으로 조절해야 한다는 점을 명심하자. 앞 문제의 답을 틀리는 한이 있더라도, 다음 문제를 미리 읽는 타이밍을 절대 놓쳐서는 안 된다.

> **고수들에게 고함!**
> 받아쓰기할 여건이 되지 않는다면 동시통역사가 되어보는 것도 좋다. 녹음 지문을 한 문장씩 끊어 들으면서 스스로 해석하고 말하기를 반복하여, 그 문제에 대해 100%의 자신감을 갖도록 연습해보자!

한샘의 러브레터

자신에게 맞는 '맞춤형 학습법'을 찾아라!

그냥 듣기니까 무조건 테이프가 늘어지도록, MP3가 고장 나도록 들어야 하는가? 그런 막연한 방법으로 듣기를 하면 백발백중 실패하게 되니, 자신에게 맞는 맞춤형 학습법을 찾아보자.

① '거의 못 알아듣겠다'는 분

이런 분은 '듣기를 못하는 것'이 아니고, 해본 적이 없거나, 어휘력이 부족한 것이 문제다. 방법은 배울 문제의 새 단어를 먼저 공부하고 들어보는 것이다. 그래도 힘들다면 지문을 한 번 보고 나서 들어도 상관없다. 이때 지문을 봤다는 자책감에 사로잡힐 필요는 없다. 왜냐하면 누구나 알아듣는 질문 '这句话是什么意思?'는 수십, 수백 번 들어보았기 때문에 당연히 잘 들리고, 쉽게 느껴지는 것뿐이다. 단어를 학습하고 → 원문을 해석해보고 → 듣기를 반복하면서 여러분은 단어와 내용을 자연스럽게 숙지할 수 있고, 실력은 쑥쑥 늘어갈 것이다. 아주 단순한 원리지만 믿고 실천하는 사람만이 듣기 영역에서 좋은 성적을 거둘 수 있다.

② '조금은 알아듣겠다'는 분

이런 분은 문장 전체가 들리는 것이 아니고, 몇몇 단어만 듣고 내용을 유추하는 수준이다. 따라서 자세한 내용을 묻는 문제가 나오면 틀리기 쉽다. 이런 분들에 대한 극약 처방은 '받아쓰기'를 하는 것이다. 중국어로 받아쓰기를 하려면 듣기 능력 이외에 쓰기 능력까지 요구되므로 그 강도가 아주 높다. 따라서 처음 받아쓰기를 시작하는 분은 들은 내용을 우리말로 적어보는 것만으로도 큰 효과를 볼 수 있다. 단어가 아닌 문장 이해 능력을 높이는 것이기 때문에 듣기 능력 향상에 큰 도움을 준다.

③ '알아는 들었는데 자꾸 틀린다'는 분

이런 분의 문제점은 정답을 고르는 능력이 부족한 것이다. 무작정 문제만 많이 푸는 것이 능사가 아니다. 문제와 정답의 패턴을 익혀서 출제자가 원하는 답이 무엇인지 직감적으로 알아내는 능력을 겸비해야 한다. 따라서 지문의 핵심어와 정답을 함께 연결시켜 외우는 연습을 하는 것이 중요하다. 문제의 내용은 바뀌어도 테스트하는 핵심 포인트는 동일한 경우가 많기 때문에, 이렇게 훈련하면 정답을 쉽게 찾아낼 수 있다.

문제 1 ★ 他现在住的地方很安静。（　　　）

|문제 분석| 그가 지금 사는 곳이 어떠한가에 집중! ◀ §2, §3 적용

★ 他现在住的地方很安静。

我挺喜欢现在住的地方，很安静，不像以前住的地方，虽然交通方便，但是周围很吵。

★ 그가 지금 사는 곳은 매우 조용하다. (✓)

나는 지금 사는 곳을 무척 좋아한다. 아주 조용한 것이, 예전 살던 곳처럼 비록 교통은 편리하지만 주위가 너무 시끄럽거나 하지 않다.

|해설| 그가 지금 사는 곳이 예전에 살던 곳과는 다르게 조용해서 좋다고 했으므로, 지금 그가 사는 곳은 매우 조용하다는 것을 알 수 있다. 만약 문장이 '他以前住的地方很安静(그가 예전에 살던 곳은 매우 조용했다)'이라고 주어졌다면 틀린 문장이 되므로, 문장을 잘 봐야 한다.

핵심어	혼동어
现在住的地方 현재 사는 곳 현재 사는 곳은 조용하다.	以前住的地方 예전에 살던 곳 예전에 살던 곳은 시끄러웠다.

단어 ★ 安静 ānjìng 형 조용하다 ｜ 交通 jiāotōng 명 교통 ｜ ★ 方便 fāngbiàn 형 편리하다 ｜ 周围 zhōuwéi 명 주위, 주변 ｜ 吵 chǎo 형 시끄럽다

문제 **2** ★ 中国北方人喜欢吃米饭。（　　）

|문제 분석| **북쪽 사람들이 쌀밥을 좋아하는지 여부에 집중!** ◀ *S1, S3 적용*

★ 中国北方人喜欢吃米饭。

中国幅员辽阔，各地有各地的乡土民风，各地有各地的饮食习惯，北方人喜欢吃面条，南方人爱吃米饭。

★ 중국의 북쪽 사람들은 쌀밥을 좋아한다. (×)

중국의 영토 면적은 광활해서 각 지역마다 향토 풍속이 있고, 각 지역마다 음식 습관이 있다. 북쪽 사람들은 국수를 좋아하고, 남쪽 사람들은 쌀밥을 좋아한다.

|해설| 녹음 지문에서 북쪽 사람들은 면 종류를 좋아하고 남쪽 사람들은 쌀밥을 좋아한다고 했으므로, 주어진 문장은 녹음의 내용과 반대된다. 이처럼 두 가지 주제 어휘가 나올 때는 옆에 메모를 하면서 들으면 도움이 된다.

핵심어	혼동어
北方人 북쪽 사람 북쪽 사람들은 국수 종류를 좋아한다.	南方人 남쪽 사람 남쪽 사람들은 쌀밥을 좋아한다.

단어 幅员辽阔 fúyuánliáokuò 성어 영토의 면적이 광활하다 ㅣ 乡土 xiāngtǔ 명 향토, 지방 ㅣ 民风 mínfēng 명 민풍, 민속 ㅣ 饮食 yǐnshí 명 음식 ㅣ ★ 习惯 xíguàn 명 습관 ㅣ 面条 miàntiáo 명 국수 ㅣ 米饭 mǐfàn 명 쌀밥

感动日记

▶ 오늘 새롭게 알게 된 내용, 가장 중요한 핵심내용, 학습 소감과 각오 등을 적어 보세요.

7 day

 CD-16

1. ★ 没能力的人没有责任心。　　　（　　）

2. ★ 那位先生想买蛋糕。　　　（　　）

3. ★ 小张的调查结果写得很好。　　　（　　）

4. ★ 他父亲的职业是演员。　　　（　　）

5. ★ 大学生不愿意去农村工作。　　　（　　）

8 day

CD-17

1. ★ 他喜欢西方人的生活方式。　　　（　　）

2. ★ 会议室在二层。　　　（　　）

3. ★ 坐公共汽车比开车慢一个小时。　　　（　　）

4. ★ 女儿不同意打针。　　　（　　）

5. ★ 很多人希望政府不要管医院。　　　（　　）

제2·3부분 대화문

기출문제 탐색전

듣기 문제의 두 번째 유형은 대화문이다. 대화문은 제2부분에서 15문제, 제3부분에서 10문제로 총 25문제가 출제되며, 듣기 문제 전체 비중의 55%를 차지한다. 남녀의 대화 내용을 듣고, 이어서 들려주는 질문에 알맞은 답을 4개의 보기 중에서 고르면 된다. 대화문 문제는 두 번째 사람의 반응이 긍정적인지 부정적인지를 집중해서 들으면 좋은 성적을 거둘 수 있다.

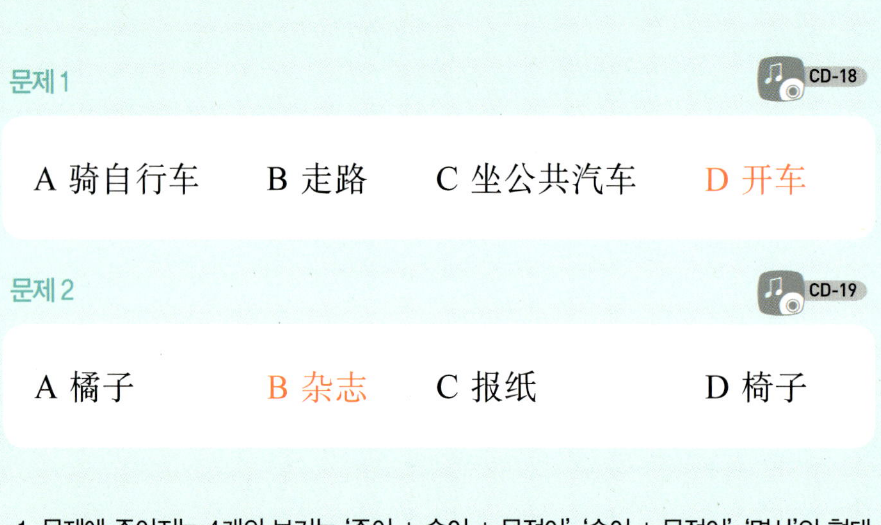

문제 1 🎵 CD-18

A 骑自行车   B 走路   C 坐公共汽车   D 开车

문제 2 🎵 CD-19

A 橘子   B 杂志   C 报纸   D 椅子

1. 문제에 주어지는 4개의 보기는 '주어 + 술어 + 목적어', '술어 + 목적어', '명사'의 형태로 제시된다. 보기를 먼저 보고 장소 · 숫자 · 행동 · 의미 파악 등의 출제 유형을 파악해야 한다.

 **Tip⁺** 보기를 미리 읽으면 좋은 점 3가지
① 어떤 내용이 나올지 짐작할 수 있다. – 사전 지식이 있으면 더 잘 들리는 게 듣기의 평범한 진리다.
② 정답이 나오는 부분을 선별해서 들을 수 있다.
③ 녹음 내용을 들으면서 틀린 보기를 제거하면, 녹음이 끝나자마자 답을 선택할 수 있어 정답률이 높아진다.

2. 문제 번호와 질문은 모두 여자 성우가 낭독한다.

3. 각 문제 사이에는 약 15초의 시간이 주어지므로, 질문이 끝남과 동시에 답을 빠르게 선택하고, 최소 8초 이상은 다음 문제의 보기를 읽고 문제와 내용을 예측하는 데 사용한다.

男：我已经出发了。有点儿堵车，到学校大概要 40 分钟。
女：好的，你路上小心，慢慢开，别着急！
问：男的怎么去学校？

男：上午刚借的那本杂志怎么找不到了？
女：哪本杂志？
男：体育杂志，黄皮儿的！我就放在桌子上。
女：不用到处找了。我刚看了一下，在沙发上呢！
问：男的在找什么？

1. 제2부분은 남녀가 한마디씩 주고 받는 짧은 대화문이며, 제3부분은 남녀가 최소 두 마디 이상씩 하는 약간 긴 대화문이다.

2. 첫 번째 문제의 대화를 남자가 먼저 시작했다면, 그 다음 문제는 여자가 먼저 시작할 가능성이 높다. (예 : 대화문 문제인 11번~35번 중 홀수 문제는 주로 남자가, 짝수 문제는 주로 여자가 먼저 대화를 시작한다.)

3. 녹음 지문이 다소 어렵다고 느낄 수 있으나, 화자의 반응에 주목하면 쉽게 정답을 찾을 수 있다.

첫 번째 사람은 주로 대화의 화제를 제시하고, 두 번째 사람은 첫 번째 사람의 의견에 대해 찬성·반대, 혹은 새로운 의견을 제시하므로, 첫 번째 사람의 말을 놓쳤다 하더라도 포기하지 말고, 두 번째 사람의 말에서 힌트를 찾아본다.

01 쏙쏙~! 골라 듣는 숫자 문제

듣기 제2·3부분

숫자 문제는 매 회당 1~2문제가 출제된다. 단순히 숫자가 정답이 되는 날짜·급여·물건 가격 등의 문제와 시간 표현법(差, 一刻, 半)을 자유자재로 이용할 수 있는지를 묻는 문제, 가격 계산 문제 등이 출제된다. 단순 숫자 문제는 녹음 내용을 그대로 기억했다가 답을 고르면 되지만, 가격 계산 문제는 가감(+, −)을 해야 할 가능성이 높기 때문에 중요한 정보는 메모하면서 들어야 한다.

4끝 시크릿 백전백승

1 보기를 미리 보고 숫자 문제임을 알아채라!

숫자 문제의 보기에는 주로 월(月), 일(号), 시간(点·分·刻), 시간의 양(一个小时), 가격(50块) 등의 숫자 표현이 제시되므로, 보기만 보고도 숫자 문제임을 알아야 한다.

2 메모할 준비를 하라!

숫자 문제라고 판단되면 무조건 메모할 준비를 하자! 자신의 기억력을 믿지 마라. 숫자를 못 들어서 틀리기보다는 순간적으로 착각하거나 실수해서 틀릴 수 있으므로, 이런 불행한 상황이 생기지 않도록 메모하는 습관을 기른다.

3 시간 표현법과 가감승제(+, −, ×, ÷)에 익숙해져라!

현재까지 4급 수준의 기출문제는 주로 다양한 시간 표현법을 묻는 문제와 녹음에서 들려준 숫자 그대로가 답이 되는 문제가 출제되었다. 난이도가 조금 높은 문제는 시간·나이·수량·가격 등을 묻는 계산 문제로 덧셈과 뺄셈을 해야 하는 경우가 많다.

4 핵심 표현을 암기하라!

안 들린다고 울상짓거나, 포기하고 싶다는 나약한 마음은 금물이다. 아는 만큼 들린다! 먼저 '시크릿 보물상자'에 정리되어 있는 시간 표현을 익히고 자신감을 회복한 뒤, 들리지 않는 문제에 다시 도전해보자.

시크릿 확인학습

 **문제 1**　A 8:15　　　B 9:15　　　C 9:30　　　D 9:45

| 문제 분석 | 一刻의 의미에 주의!　**S1, S2, S4 적용**

A 8:15　　　　B 9:15　　　　　A 8시 15분　　　B 9시 15분
C 9:30　　　　D 9:45　　　　　C 9시 30분　　　D 9시 45분

男: 我们几点、在哪儿集合?　　　　남: 우리 몇 시, 어디에서 모이는 거야?
女: 上午九点一刻在新华书店门口。　여: 오전 9시 15분에 신화서점 입구에서 (모여).

问: 他们几点见面?　　　　　　　　질문: 그들은 몇 시에 만나는가?

| 해설 | 여자의 대답에서 一刻는 15분이라는 의미이므로 답은 B가 된다. 이 문제는 一刻의 의미를 알
고 있어야만 풀 수 있는 문제다.

단어　集合 jíhé 〈동〉 집합하다 ｜ ★ 一刻 yíkè 〈명〉 15분 ｜ 门口 ménkǒu 〈명〉 입구

문제 **2**   A 明天   B 周日   C 4点半   D 下班以后

| 문제 분석 | **시간 표현에 집중!**   S1 적용

| A 明天 | B 周日 |
| C 4点半 | D 下班以后 |

女: 附近那家银行几点关门，你知道吗?
男: 我想想，对! 四点半。
女: 那来不及了。我本来打算下班以后去取点儿钱。
男: 明天吧，他们周六也上班。

问: 女的最可能什么时候去银行?

| A 내일 | B 일요일 |
| C 4시 반 | D 퇴근 후에 |

여: 이 근처에 있는 은행이 몇 시에 문을 닫는지 아니?
남: 생각 좀 해볼게. 맞다! 4시 반에 닫아.
여: 그럼 못 가겠다. 원래 퇴근 후에 돈을 좀 찾으러 가려고 했는데.
남: 내일 가. 그 사람들은 토요일에도 출근해.

질문: 여자는 언제 은행에 가겠는가?

| 해설 | 시간이 늦어서 오늘은 은행을 못 갈 것 같다는 여자의 말에 남자는 그럼 내일 가라고 했으므로, 답은 A가 된다. 녹음에서 들린 4点半, 下班以后, 明天이 모두 보기에 등장하여 혼동을 일으킬 수 있다. 4시 반은 은행이 문을 닫는 시간이고, 퇴근 후는 원래 가려고 계획했던 시간으로, 모두 답이 될 수 없다. 여자는 남자의 권유에 따라 내일, 즉 토요일에 은행에 갈 것이다.

| 단어 | 明天 míngtiān 명 내일 | 周日 zhōurì 명 일요일 | 半 bàn 명 반, 절반 | 下班 xiàbān 동 퇴근하다 | 以后 yǐhòu 명 이후 | 附近 fùjìn 명 근처, 부근 | ★ 来不及 láibují 동 (시간이 부족하여) ~(하지) 못하다 | ★ 打算 dǎsuan 동 ~하려고 하다 | 取 qǔ 동 찾다

 感动日记

▶ 오늘 새롭게 알게 된 내용, 가장 중요한 핵심내용, 학습 소감과 각오 등을 적어보세요.

1 시간 표현 익히기

'시간'은 点, '분'은 分, '~분 전'은 差로 표현한다. 잘 알고 있더라도 막상 듣기 문제로 나오면 새롭게 느껴지고 잘 안 들릴 수도 있으니, 익숙해질 때까지 반복해서 읽고 문제를 풀어 보자.

▶ 기본 표현

질문: 现在几点? 지금 몇 시입니까?

대답: 现在 八 点 十五 分。 지금은 8시 15분입니다.

〈활용〉

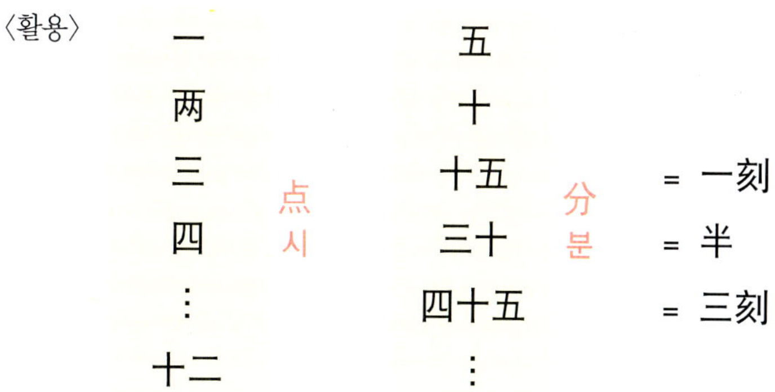

▶ 시간 읽기

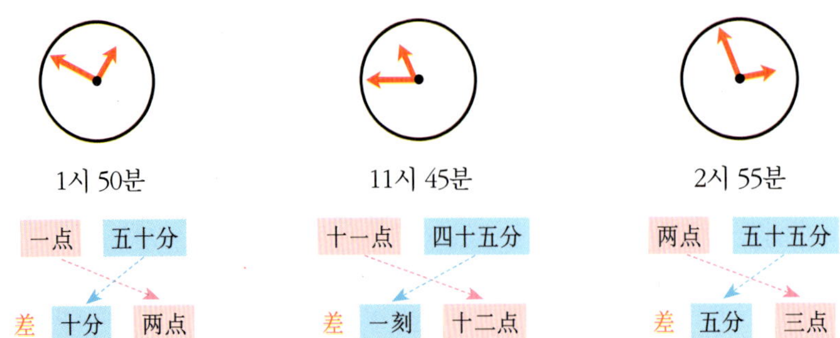

2 시간의 기점과 양 비교

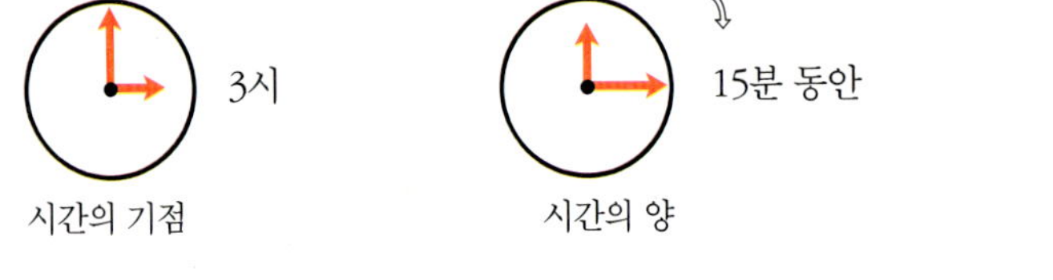

기점	一月(1월)	一号(1일)	这个星期(이번 주)	一点(1시)	一分(1분)
양	一个月(한 달)	一天(하루)	一个星期(일주일)	一个小时(한 시간)	一分钟(1분 동안)

※ 시간의 기점은 시간이 시작되는 어떤 시점을 말하고, 시간의 양은 '얼마간'이라는 시간의 양을 나타내어 '언제부터 언제까지' 또는 '~ 동안'이라고 해석한다.

예 现在 3点 5分。지금은 3시 5분이다. (시간의 기점)

我们休息 5分钟吧。우리 5분 동안만 쉽시다. (시간의 양)

3 숫자 계산 문제 판단 단어

+	多 duō 많다 大 dà (나이가) 많다	贵 guì 비싸다 迟到 chídào 지각하다	慢 màn 느리다 增加 zēngjiā 증가하다	晚 wǎn 늦다
−	少 shǎo 적다 小 xiǎo (나이가) 적다	便宜 piányi 싸다 提前 tíqián 앞당기다	快 kuài 빠르다 减少 jiǎnshǎo 감소하다	早 zǎo 이르다

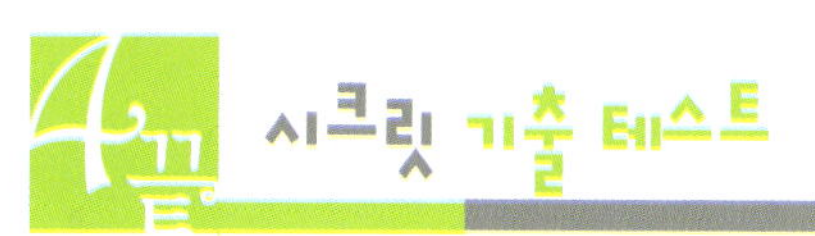

9 day

CD-22

1. A 7:40　　　B 8:20　　　C 7:20　　　D 19:10

2. A 5月　　　B 4月　　　C 7月　　　D 12月

3. A 很快　　　B 半个小时　　　C 一个小时　　　D 一个半小时

4. A 30块　　　B 60块　　　C 90块　　　D 120块

10 day

CD-23

1. A 5号　　　B 4号　　　C 10号　　　D 15号

2. A 现在　　　B 前天　　　C 暑假期　　　D 寒假前

3. A 8点　　　B 9点　　　C 8点半　　　D 9点半

4. A 2500　　　B 3200　　　C 3500　　　D 4000

02 오감(五感)으로 느껴주는 어투 · 태도 문제 (11~12 day)

어투 · 태도 문제는 혹시 내용을 잘 이해하지 못하더라도 감으로 맞힐 수 있는 확률이 높다. 대화의 내용에 따라 감정 색채가 짙은 어기조사, 감탄사 등을 많이 사용한다면, 긍정적 어투인지, 부정적 어투인지 등을 감지할 수 있기 때문이다. 내용을 잘 못 알아듣더라도 포기하지 말고 'feel'로 문제를 푸는 센스를 발휘해 보자!

시크릿 백전백승

1 보기를 보자마자 어투 · 태도 문제임을 알아채라!

어투 · 태도 문제는 보기에 주로 기뻐하다(高兴), 불만이다(不满), 비평하다(批评), 동의하다(同意) 등 감정과 태도를 나타내는 단어가 등장하기 때문에 보기만 보고도 어투 · 태도 문제임을 알아야 한다.

2 성우를 자신의 친구로 생각하라!

성우가 지금 자신에게 말하고 있다고 생각해본다. 성우를 친구로 생각하면 그가 불만에 가득 차서 나를 나무라는 것인지, 아니면 기뻐하고 있는 것인지 좀 더 쉽게 파악할 수 있을 것이다.

3 긍정 / 부정을 판단하라!

문제를 풀기 전에 긍정적이라고 판단되는 보기에는 플러스(+)로 표시하고, 부정적이라고 판단되는 보기에는 마이너스(−)로 표시해놓으면 정답을 고르는 시간이 단축된다.

4 남녀를 구분하라!

남자의 어투를 물을지, 여자의 어투를 물을지는 출제자 마음이다. 항상 대비하는 자세로 남녀를 잘 구분해서 듣고, 질문도 놓치지 말고 잘 듣자.

| 문제 **1** | A 高兴 | B 失望 | C 生气 | D 商量 |

| 문제 분석 | 부정적인 말투에 집중! ◀ S1, S2 적용

| A 高兴 | B 失望 | A 기쁘다 | B 실망스럽다 |
| C 生气 | D 商量 | C 화가 난다 | D 상의한다 |

男: 你对王姐给你介绍的男朋友满意吗?
女: 那人实在不行，太马虎了。

问: 女的说话什么语气?

남: 왕 누나가 네게 소개시켜준 남자친구 마음에 들어?
여: 그 사람 정말 별로야, 너무 세심하지 못해.

질문: 여자의 어투는 어떠한가?

| 해설 | 여자가 소개받은 남자친구에 대해서 별로라고 말했으므로, 그 남자에게 실망했음(失望)을 알 수 있다. 여자의 어투가 부정적이지만 그렇다고 화내고 있는 것은 아니므로, C는 답이 될 수 없다.

단어 高兴 gāoxìng 형 기쁘다 | 失望 shīwàng 동 실망하다 | 生气 shēngqì 동 화내다 | 商量 shāngliang 동 상의하다 | ★介绍 jièshào 동 소개하다 | ★满意 mǎnyì 동 만족하다 | 实在 shízài 부 정말, 확실히 | ★马虎 mǎhu 형 세심하지 못하다

문제 **2**	A 失望	B 羡慕	C 后悔	D 激动

| 문제 분석 | 두 사람의 말투에 집중! ◀ **S3, S4 적용**

A 失望　　　　B 羡慕	A 실망스럽다　　　　B 부러워한다
C 后悔　　　　D 激动	C 후회스럽다　　　　D 감격스럽다

女: 恭喜你, 今天获得了冠军。

男: 谢谢大家！我没有想到自己今天能得到这个奖。

女: 你现在最想谁啊?

男: 我最想家人, 感谢我的父母, 还有我的妻子。

问: 说话的两个人现在心情怎么样?

여: 축하합니다, 오늘 1등을 했어요.

남: 감사합니다! 오늘 이 상을 받을 거라고는 생각도 못 했어요.

여: 지금 누가 가장 생각나세요?

남: 가족이 가장 생각나요. 저희 부모님과 저의 아내에게 감사 드립니다.

질문: 두 화자의 현재 심정은 어떠한가?

| 해설 | 이 대화는 남자가 1등한 것을 축하하는 내용으로, 긍정적인 단어를 답으로 골라야 하는데 A와 C는 부정적인 의미를 나타내므로 답이 될 수 없다. 만약 문제에서 여자의 심정만을 물어봤다면 B가 답이 될 수도 있겠지만, 이 문제에서는 두 사람의 심정을 물어봤으므로 D가 답으로 가장 적절하다. 심정을 묻는 문제에서는 녹음의 내용도 중요하지만, 남녀 중 어떤 사람의 심정을 물어봤는지도 중요한 포인트가 된다.

Tip⁺ 激动은 감동이나 감격한 상태를 나타낼 수도 있고, 기분이 나빠서 흥분한 상태를 나타낼 수도 있다.

단어 失望 shīwàng 图 실망하다 | 羡慕 xiànmù 图 부러워하다 | 后悔 hòuhuǐ 图 후회하다 | 激动 jīdòng 图 감격하다, 흥분하다 | 恭喜 gōngxǐ 图 축하하다 | ★获得 huòdé 图 얻다, 획득하다 | 冠军 guànjūn 명 우승, 1등 | 妻子 qīzi 명 아내

感动日记

▶ 오늘 새롭게 알게 된 내용, 가장 중요한 핵심내용, 학습 소감과 각오 등을 적어 보세요.

말 속에 숨은 뉘앙스

답이 되는 뉘앙스	말 속의 힌트
1 **同意** tóngyì 동의하다(=**赞成** zànchéng) 2 **支持** zhīchí 지지하다 3 **肯定** kěndìng 긍정·인정하다	好吧！그래, 알았어! 没错儿。맞다. 当然，那还用说？당연하지, 더 말할 필요 있니? 没问题。문제없다.
4 **称赞** chēngzàn 칭찬하다 5 **表扬** biǎoyáng 표창하다, 칭찬하다	真了不起。/ 真不简单。/ 真厉害。 정말 대단하다. 真有你的。너 정말 대단하구나.
6 **安慰** ānwèi 위로하다 7 **鼓励** gǔlì 격려하다	你会好的。너는 좋아질 거야. 你的病不要紧。/ 你的病没那么严重。 당신의 병은 심각하지 않다.
8 **反对** fǎnduì 반대하다 9 **不同意** bù tóngyì 동의하지 않다 (=**不赞同** bú zàntóng)	哪儿啊！어디, 그럴 리가! 别做梦。꿈 깨. 谁说的？누가 그래?
10 **不满** bùmǎn 불만족하다	你为什么这样？너 왜 이래?
11 **责怪** zéguài 나무라다(=**责备** zébèi)	怎么搞的？어떻게 된 거야? 别提了。말도 꺼내지 마.
12 **无所谓** wúsuǒwèi 상관없다 (=**没关系** méiguānxi)	随便。마음대로 해.
13 **羡慕** xiànmù 부러워하다	要是… 就好了。만약 ~라면 좋겠다. 你多么幸福呀！너 얼마나 행복하니!
14 **谦虚** qiānxū 겸손하다	哪里哪里。아닙니다. 不敢当。천만에요.
15 **后悔** hòuhuǐ 후회하다	早知道… 일찌감치 알았더라면 ~ 当初我应该… 애당초 나는 ~해야 했다
16 **意外** yìwài 뜻밖이다 17 **突然** tūrán 갑작스럽다	真没想到。정말 생각지도 못했다. 太阳从西边出来了。해가 서쪽에서 뜨다.
18 **着急** zháojí 조급해하다, 마음 졸이다	怎么办呢？어쩌지? 已经来不及了。이미 늦었어.

11 day

CD-26

1. A 不满　　　　　B 激动　　　　　C 奇怪　　　　　D 开玩笑

2. A 难过　　　　　B 感动　　　　　C 轻松　　　　　D 着急

3. A 感动　　　　　B 称赞　　　　　C 后悔　　　　　D 商量

4. A 担心　　　　　B 安慰　　　　　C 批评　　　　　D 生气

12 day

CD-27

1. A 不满　　　　　B 羡慕　　　　　C 兴奋　　　　　D 失望

2. A 同意　　　　　B 无奈　　　　　C 感谢　　　　　D 兴奋

3. A 着急　　　　　B 担心　　　　　C 怀疑　　　　　D 兴奋

4. A 很紧张　　　　B 很舒服　　　　C 很轻松　　　　D 批评男的

듣기 제2·3부분

직업이나 관계를 묻는 문제는 녹음을 듣고 직업이나 신분을 추측해서 풀어야 하는 경우가 대부분이다. 대화 중에 정답 관련 어휘가 직접적으로 표현되는 문제도 있다. 따라서 대화에 나오는 동사와 명사를 잘 파악해야 답을 찾아낼 수 있음을 꼭 기억하자. 또한 녹음 지문 시작 부분에 나오는 호칭이 결정적 힌트가 될 수 있으니 첫마디부터 주의해서 듣는다.

 시크릿 백전백승

1 보기를 미리 보고 직업 · 관계 문제임을 알아채라!

직업 · 관계 문제는 보기에 주로 의사(医生), 선생님(老师), 운전사(司机), 동료(同事), 급우(同学) 등 직업이나 관계를 나타내는 단어가 등장하기 때문에 보기만 보고도 직업 · 관계 문제임을 알아야 한다.

2 관련 어휘를 잡아라!

4급 문제에서는 정답과 관련된 어휘가 직접적으로 언급되는 '직접 문제'가 출제되는데, 이때는 직업 · 호칭에 관련된 명사를 잘 듣고, '누구와', '누구의' 등의 혼동 요소에 주의한다.

3 핵심어를 찾아라!

대화 속에서 몇몇 힌트어를 제시해주고 전체 상황을 바탕으로 유추하게 하는 '간접 문제'의 경우에는 핵심이 되는 동사나 명사에 주의해서 들어야 한다.

4 핵심 어휘를 암기하라!

4급으로 출제되는 직업 · 관계 문제 어휘는 그리 많지 않다. 아는 만큼 들린다! 안 들리면 '시크릿 보물상자'의 핵심 어휘를 먼저 암기하고 자신감을 회복한 뒤, 문제에 도전해보자. 문제없이 정답을 고를 수 있을 것이다.

 CD-28

문제 1 A 教师   B 记者   C 厨师   D 警察

|문제 분석| **직업 특성을 나타낼 수 있는 어휘에 집중!** ◀ S1, S2 적용

A 教师   B 记者   C 厨师   D 警察

A 교사   B 기자   C 요리사   D 경찰

女 : 真羡慕你，除了平时的节假日，还有一个寒假和暑假。

男 : 当时选择这个职业，我根本就没想这么多，只是喜欢和孩子们在一起。

问 : 男的最可能是做什么的?

여 : 정말 부럽다, 평소의 공휴일을 제외하고도 겨울방학과 여름방학이 있잖아.

남 : 이 직업을 고를 때는 이렇게 많은 것까지 생각하지 못했어. 단지 아이들과 함께 있는 것이 좋았을 뿐이야.

질문 : 남자의 직업은 무엇이겠는가?

|해설| 여자가 寒假(겨울방학), 暑假(여름방학)라고 말한 것으로 보아 남자는 방학 기간에 쉴 수 있는 직업을 가졌다는 것을 알 수 있다. 보기 중에서 방학 기간에 쉴 수 있는 사람은 教师(교사)뿐이므로 답은 A가 된다. 또한 남자는 아이들과 함께 있는 것을 좋아한다고 언급했는데 보기 중에서 아이들과 함께 있는 직업 역시 A뿐이다.

|단어| 教师 jiàoshī 몡 교사 | 记者 jìzhě 몡 기자 | 厨师 chúshī 몡 요리사 | 警察 jǐngchá 몡 경찰 | ★羡慕 xiànmù 동 부러워하다 | 平时 píngshí 몡 평소 | 节假日 jiéjiàrì 몡 명절과 휴일 | 寒假 hánjià 몡 겨울방학 | 暑假 shǔjià 몡 여름방학 | ★选择 xuǎnzé 동 선택하다 | 职业 zhíyè 몡 직업

 CD-29

문제 **2**　A 老师　　　B 同事　　　C 行人　　　D 顾客

| 문제 분석 | 직업을 유추할 수 있는 명사와 동사에 집중!　◀ S1, S3 적용

A 老师　　B 同事　　C 行人　　D 顾客　　A 선생님　　B 동료　　C 행인　　D 고객

男：小姐，这里有卖学习机的吗?

女：我这儿是卖手机的，学习机在三楼。

男：从哪儿上去?

女：电梯，往前走，向右拐就是。

남: 아가씨, 여기 어학기 파나요?

여: 여기는 휴대전화를 파는 데고요. 어학기는 3층에 있어요.

남: 어디로 올라가야 하나요?

여: 엘리베이터로요. 앞으로 가다가 오른쪽으로 돌면 있어요.

问：男的最可能是什么人?

질문: 남자는 무엇을 하는 사람이겠는가?

| 해설 | 남자는 여자에게 이곳에서 어학기를 판매하냐고 물어봤으므로, 어학기를 사러 온 고객이라는 것을 알 수 있다. 만약 여자의 직업을 묻는 문제였다면 售货员(판매원)이 답이 될 수 있다. 남자의 신분을 묻는 것인지, 여자의 신분을 묻는 것인지 반드시 확인하도록 하자.

| 단어 | 老师 lǎoshī 몡 선생님 | 同事 tóngshì 몡 동료 | 行人 xíngrén 몡 행인 | 顾客 gùkè 몡 고객 | 学习机 xuéxíjī 몡 학습기, 어학기 | 手机 shǒujī 몡 휴대전화 | 电梯 diàntī 몡 엘리베이터 | 拐 guǎi 동 꺾어 돌다

感动日记

▶ 오늘 새롭게 알게 된 내용, 가장 중요한 핵심내용, 학습 소감과 각오 등을 적어보세요.

끝 시크릿 보물상자

1 学生 xuésheng 학생, 同学 tóngxué 학우

1 毕业 bìyè 졸업하다

2 复习 fùxí 복습(하다)
→ 预习 yùxí 예습(하다)

3 做功课 zuò gōngkè 공부하다

4 背课文 bèi kèwén 본문을 외우다

5 写作业 xiě zuòyè 숙제를 하다

6 不及格 bù jígé 불합격하다
→ 及格 jígé 합격하다

7 期中考试 qīzhōng kǎoshì 중간고사

8 期末考试 qīmò kǎoshì 기말고사

9 成绩 chéngjì 성적

10 专业 zhuānyè 전공

2 公司 gōngsī 회사, 同事 tóngshì 동료

1 办公室 bàngōngshì 사무실

2 经理 jīnglǐ 사장, 책임자

3 老板 lǎobǎn 사장

4 秘书 mìshū 비서

5 职员 zhíyuán 직원

6 电脑 diànnǎo 컴퓨터

7 复印机 fùyìnjī 복사기

8 出差 chūchāi 출장 가다

3 老师 lǎoshī 선생님, 教师 jiàoshī 교사

1 寒假 hánjià 겨울방학

2 暑假 shǔjià 여름방학

3 备课 bèikè (교사가) 수업을 준비하다

4 留作业 liú zuòyè 숙제를 내주다

5 改作业 gǎi zuòyè 숙제를 첨삭지도하다

6 校长 xiàozhǎng 학교장, (대학) 총장

7 班主任 bānzhǔrèn 담임선생님

8 教授 jiàoshòu 교수

4 售货员 shòuhuòyuán 판매원, 顾客 gùkè 고객

1 服务态度 fúwù tàidu 서비스 태도

2 退换 tuìhuàn 교환하다

3 发票 fāpiào 영수증

4 款式 kuǎnshì 스타일

5 打折 dǎzhé 할인하다

6 优惠 yōuhuì 우대혜택

7 收银台 shōuyíntái 계산대

8 来一个 lái yí ge 하나를 사다

Tip⁺ '〜를 주세요'라고 말할 때는 일반적으로 来를 쓴다.

5 司机 sījī 운전사, 交通警察 jiāotōng jǐngchá 교통경찰

1 开车 kāichē 운전하다	5 罚款 fákuǎn 벌금을 내다
2 红绿灯 hónglǜdēng 신호등	6 驾驶执照 jiàshǐzhízhào 운전면허증
3 停车 tíngchē 차를 멈추다	7 下次注意 xiàcì zhùyì 다음에 주의하세요
4 超速 chāosù 과속하다	

6 家人 jiārén 가족, 夫妻 fūqī 부부

1 孩子 háizi 아이	11 小两口 xiǎoliǎngkǒu 젊은 부부
2 孙女 sūnnǚ 손녀	12 老两口 lǎoliǎngkǒu 노부부
3 父亲 fùqīn 아버지	13 妻子 qīzi 아내
4 母亲 mǔqīn 어머니	≒ 爱人 àiren, 老婆 lǎopo
5 父女 fùnǚ 부녀, 아버지와 딸	14 丈夫 zhàngfu 남편
6 母子 mǔzǐ 모자, 어머니와 아들	≒ 爱人 àiren, 老公 lǎogōng
7 表哥 biǎogē 사촌 형(오빠)	15 教育 jiàoyù 교육(하다)
8 叔叔 shūshu 삼촌	16 房子 fángzi 방, 집
9 姑姑 gūgu 고모	17 结婚 jiéhūn 결혼(하다)
10 姑父 gūfu 고모부	18 离婚 líhūn 이혼하다

7 기타

1 邻居 línjū 이웃	6 服务员 fúwùyuán 종업원
2 职员 zhíyuán 직원	7 厨师 chúshī 요리사
3 导游 dǎoyóu (관광) 가이드	8 记者 jìzhě 기자
4 舞蹈演员 wǔdǎo yǎnyuán 무용가	9 行人 xíngrén 행인
5 运动员 yùndòngyuán 운동선수	

13 day

 CD-30

1．A 老师　　　　B 导游　　　　C 服务员　　　　D 电影导演

2．A 老师　　　　B 医生　　　　C 钢琴家　　　　D 音乐家

3．A 妈妈　　　　B 父亲　　　　C 亲戚　　　　D 女的

4．A 同事　　　　B 朋友　　　　C 夫妻　　　　D 亲戚

14 day

 CD-31

1．A 服务员　　　　B 售货员　　　　C 送货员　　　　D 卖卡的

2．A 歌手　　　　B 运动员　　　　C 售货员　　　　D 舞蹈演员

3．A 同学　　　　B 朋友　　　　C 女儿　　　　D 妈妈

4．A 夫妻　　　　B 同事　　　　C 兄妹　　　　D 同学

04 암기만 하면 답이 보이는 장소 문제 (15~16 day)

장소 문제는 두 사람의 대화를 듣고 대화가 이루어지는 장소를 추측하거나, 화자가 가려는 목적지가 어디인지를 묻는 문제가 대부분이다. 문제 유형으로는 보기에 제시된 장소를 녹음에서 그대로 언급하는 문제와, 장소에 관련된 동사나 명사 등 핵심 어휘를 집중해서 듣고, 답을 유추해야 하는 문제가 있다.

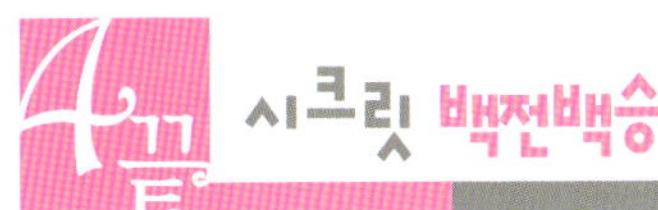
시크릿 백전백승

1 보기를 보고 장소 문제임을 알아채라!

장소 문제는 보기에 주로 商店(상점), 办公室(사무실), 超市(슈퍼마켓), 图书馆(도서관) 등의 장소가 등장하기 때문에, 보기만 보고도 장소 문제임을 알아야 한다. 장소와 관련된 명사를 집중해서 듣는다.

2 장소 관련 어휘를 잡아라!

직접적으로 들려준 장소가 답이 될 수도 있지만, 관련 어휘만 듣고 간접적으로 장소를 유추하라는 문제가 출제될 가능성도 높으니, 관련 동사와 명사에 집중한다.

예 [녹음] 买衣服 옷을 사다 → [보기] 商店 상점

　　[녹음] 看病 진찰받다 / 发烧 열이 나다 → [보기] 医院 병원

3 혼동 어휘를 제거하라!

평이한 문제는 관련 어휘를 조합해보았을 때 하나의 답이 떠오르지만, 난이도가 높은 문제는 2~3가지의 답을 떠오르게 하므로, 질문의 의도를 잘 파악하여 혼동 어휘를 제거해야 한다. 4개의 보기 중 답이 아니라고 생각되는 것은 먼저 '/' 표시로 제거해놓고, 나머지 보기 중에서 답을 골라야 정답 확률이 높아진다.

4 핵심 어휘를 암기하라!

안 들린다고 포기하는 것은 금물! 아는 만큼 들린다! '시크릿 보물상자'의 핵심 어휘를 먼저 암기하고 자신감을 회복한 뒤에 다시 도전해보자.

 CD-32

문제 1　A 超市　　　B 办公室　　　C 图书馆　　　D 手机商店

| 문제 분석 | 보기와 비슷한 어휘가 들리는지 집중!　◀ S1, S2 적용

| A 超市 | B 办公室 | A 슈퍼마켓 | B 사무실 |
| C 图书馆 | D 手机商店 | C 도서관 | D 휴대전화 판매점 |

女: 刚才我打你手机，你怎么不接啊?
男: 我们办公楼里信号不好。经常收不到信号。

问: 刚才男的在哪里?

여: 방금 내가 너한테 전화했는데, 왜 안 받았어?
남: 우리 건물 안이 신호가 안 좋아. 종종 수신이 안 돼.

질문: 방금 남자는 어디에 있었는가?

| 해설 | 왜 전화를 받지 않았냐는 여자의 물음에 남자는 회사 건물 안의 신호가 안 좋다고 대답했으므로, 방금 남자가 사무실에 있었음을 간접적으로 알 수 있다. 따라서 답은 B가 된다.

| 단어 | 超市 chāoshì 몡 슈퍼마켓 | ★办公室 bàngōngshì 몡 사무실 | 图书馆 túshūguǎn 몡 도서관 | 手机 shǒujī 몡 휴대전화 | 接 jiē 동 (전화를) 받다 | 信号 xìnhào 몡 신호 | 经常 jīngcháng 뷔 항상, 자주

 CD-33

문제 2　A 南门　　　B 售票处　　　C 朋友家　　　D 演唱会上

| 문제 분석 | 장소를 나타내는 어휘에 집중!　◀ S1, S2 적용

| A 南门 | B 售票处 | A 남문 | B 매표소 |
| C 朋友家 | D 演唱会上 | C 친구 집 | D 콘서트장 |

女: 明天的演唱会你要不要看?
男: 我当然想去，不过票都买不到，想去也去不了啊。
女: 正好我朋友多给了我一张，到时候一起去吧。
男: 真的假的，你不是在开玩笑吧?
女: 怎么会呢，明晚七点南门见。

问: 明天晚上他们在哪儿见面?

여: 너 내일 콘서트 보러 갈 거야?
남: 나는 당연히 가고 싶지만, 표를 못 사서 가고 싶어도 못 가.
여: 마침 내 친구가 나한테 표 한 장을 더 줬는데, 같이 가자.
남: 진짜야 거짓말이야? 너 농담하는 거 아니지?
여: 어떻게 농담을 하니, 내일 저녁 7시에 남문에서 만나자.

질문: 내일 저녁에 그들은 어디에서 만나는가?

| 해설 | 票(표)나 演唱会(콘서트)가 앞부분에 언급되어서 B나 D를 고르는 실수를 할 수도 있지만, 마지막에 여자가 내일 남문에서 만나자고 얘기했으므로, 답은 A가 된다.

| 단어 | 演唱会 yǎnchànghuì 몡 콘서트 | ★正好 zhènghǎo 뷔 마침 | 真 zhēn 혱 진짜다 | 假 jiǎ 혱 가짜다 | ★开玩笑 kāi wánxiào 동 농담하다

장소 관련 핵심 어휘

교통수단

1 火车站 huǒchēzhàn 기차역

1	火车 huǒchē 기차	5	下铺 xiàpù 아래 침대
2	软卧 ruǎnwò 우등 침대칸	6	旅客 lǚkè 여행객
3	硬卧 yìngwò 보통 침대칸	7	检票 jiǎnpiào 개찰하다, 검표하다
4	上铺 shàngpù 상층 침대		

2 公共汽车 gōnggòng qìchē 버스

1	司机 sījī 운전사	5	几路车 jǐ lù chē 몇 번 (노선)버스
2	乘客 chéngkè 승객	6	换车 huànchē 환승하다
3	售票员 shòupiàoyuán 매표원	7	换座位 huàn zuòwèi 자리를 바꾸다
4	下车 xiàchē 하차하다		

3 出租汽车 chūzū qìchē 택시

1	打车 dǎchē 택시를 잡다	3	红绿灯 hónglǜdēng 신호등
2	停车 tíngchē 차를 세우다	4	开快点儿 kāi kuài diǎnr 운전을 빨리 하다

4 机场 jīchǎng 공항

1	飞机 fēijī 비행기	6	办手续 bàn shǒuxù 수속을 밟다
2	出国 chūguó 출국하다	7	晚点 wǎndiǎn 연착하다
3	起飞 qǐfēi 이륙하다	8	空姐 kōngjiě 스튜어디스
4	机票 jīpiào 비행기표		= 空中小姐 kōngzhōng xiǎojiě
5	护照 hùzhào 여권		

1 商店 shāngdiàn 상점

1 质量 zhìliàng 품질

2 打折 dǎzhé 할인하다

3 流行 liúxíng 유행하다

4 合适 héshì 알맞다

5 售货员 shòuhuòyuán 판매원

6 挑选 tiāoxuǎn 고르다

7 件 jiàn 옷(주로 상의)을 세는 양사

8 条 tiáo 바지·치마를 세는 양사

9 双 shuāng 신발·양말 등을 세는 양사

2 宾馆 bīnguǎn · 饭店 fàndiàn 호텔

1 单人房 dānrénfáng 1인실

2 双人房 shuāngrénfáng 2인실

3 标准间 biāozhǔnjiān 일반실

4 退房 tuìfáng 체크아웃하다

5 钥匙 yàoshi 열쇠

≒ 房卡 fángkǎ (카드로 된) 열쇠

6 行李 xíngli 여행 짐

7 服务员 fúwùyuán 종업원

3 饭馆 fànguǎn · 餐厅 cāntīng 음식점

1 菜单 càidān 메뉴판

2 点菜 diǎncài 주문하다

3 米饭 mǐfàn 밥

4 来点儿什么? lái diǎnr shénme?
무엇을 주문하시겠습니까?

5 味道 wèidao 맛

6 凉菜 liángcài 냉채 [차게 만들어 먹는 요리]

7 打包 dǎbāo 포장하다

8 结账 jiézhàng 계산하다 = 买单 mǎidān

Tip⁺ 요리 관련 어휘

맛: 酸 suān 시다 | 甜 tián 달다 | 苦 kǔ 쓰다 | 辣 là 맵다 | 咸 xián 짜다 | 淡 dàn 싱겁다
조미료: 酱油 jiàngyóu 간장 | 糖 táng 설탕 | 盐 yán 소금 | 油 yóu 기름
조리법: 炒 chǎo 볶다 | 炸 zhá 튀기다 | 煮 zhǔ 끓이다, 삶다 | 烤 kǎo 굽다

4 理发店 lǐfàdiàn 이발소

1 剪短 jiǎnduǎn 짧게 자르다

2 洗头 xǐtóu 머리 감다

3 烫发 tàngfà 파마하다

4 染发 rǎnfà 염색하다

5 理发师 lǐfàshī 이발사

1	开演 kāiyǎn 영화를 시작하다	4	上映 shàngyìng (영화를) 상영하다
2	演员 yǎnyuán 연기자, 배우	5	导演 dǎoyǎn 감독
3	情节 qíngjié 줄거리	6	台词 táicí 대사

공공시설

1 图书馆 túshūguǎn 도서관

1	借书 jièshū 책을 빌리다	5	过期 guòqī 기한을 넘기다
2	借书证 jièshūzhèng 도서대출증	6	罚款 fákuǎn 연체료를 내다
3	还书 huánshū 책을 반납하다	7	杂志 zázhì 잡지
4	到期 dàoqī (반납) 기한이 되다	8	阅览室 yuèlǎnshì 열람실

2 邮局 yóujú 우체국

1	寄信 jìxìn 편지를 부치다	4	包裹 bāoguǒ 소포
2	超重 chāozhòng 중량을 초과하다	5	取包裹 qǔ bāoguǒ 소포를 찾다
3	贴邮票 tiē yóupiào 우표를 붙이다		

3 银行 yínháng 은행

1	取钱 qǔqián 인출하다	4	寄钱 jìqián 송금하다
2	存钱 cúnqián 저금하다	5	密码 mìmǎ 비밀번호
3	换钱 huànqián 환전하다	6	利息 lìxī 이자

4 医院 yīyuàn 병원

1	大夫 dàifu 의사 ＝ 医生 yīshēng	6	打针 dǎzhēn 주사를 맞다 / 주사를 놓다
2	看病 kànbìng 진찰하다 / 진찰받다	7	开药方 kāi yàofāng 처방전을 쓰다
3	发烧 fāshāo 열이 나다	8	住院 zhùyuàn 입원하다
4	头疼 tóuténg 두통	9	出院 chūyuàn 퇴원하다
5	取药 qǔyào 약을 찾다	10	手术 shǒushù 수술(하다)

1. A 医院　　　　B 家里　　　　C 学校　　　　D 公园

2. A 饭店　　　　B 公司　　　　C 机场　　　　D 医院

3. A 饭馆　　　　B 食堂　　　　C 家里　　　　D 宾馆

4. A 银行　　　　B 火车站　　　　C 公共汽车站　　　　D 电影院门口

1. A 路上　　　　B 车上　　　　C 饭店里　　　　D 公共汽车站

2. A 家里　　　　B 银行　　　　C 商场　　　　D 电影院

3. A 商店　　　　B 饭馆　　　　C 超市　　　　D 蛋糕店

4. A 商店　　　　B 停车场　　　　C 修车铺　　　　D 收费人

듣기 제2·3부분

동작 문제는 말하는 사람이 어떤 행동을 하고 있는지, 혹은 앞으로 어떤 행동을 할 것인지 그 활동 내용을 묻는 문제다. 문제 유형은 녹음 지문의 핵심 어휘가 보기에 그대로 나오기도 하고, 들은 내용을 토대로 답을 유추해야 할 수도 있다. 주로 일상생활과 관련된 내용이 나오기 때문에 보기를 해석하거나 이해하는 데 큰 어려움은 없으니, 용기를 갖고 도전해보자!

시크릿 백전백승

1 보기를 보고 동작 문제임을 알아채라!

동작 문제는 보기에 휴식하다(休息), 여행하다(旅游), 쇼핑하다(逛街), 식사하다(吃饭) 등 일상생활에서 흔히 사용하는 동작 관련 어휘들이 등장하므로, 보기만 보고도 동작 문제임을 알고 관련 어휘에 집중해서 들어야 한다.

2 혼동 어휘에 주의하라!

2개 이상의 동작이 제시되므로, 어느 것이 진짜 일어나는 행동인지 쉽게 구분하기 위해서는 문제를 풀며 메모하는 습관을 길러야 한다.

3 시제에 주의하라!

이미 발생한 동작이 무엇인지, 지금 무엇을 하고 있는지, 앞으로 발생할 행동이 무엇인지 등의 시점에 주의하여 듣고, 질문 또한 어느 시점의 행동을 묻는 것인지 정확히 파악한다.

예 他做什么了? 그는 무엇을 했는가? [이미 발생한 행동]

正在做什么? 지금 무엇을 하는가? [현재 하고 있는 행동]

打算做什么? 무엇을 할 계획인가? [앞으로 할 행동]

CD-36

| 문제 ① | A 搬家 | B 搬行李 | C 搬饮料 | D 整理文件 |

|문제 분석| **대화의 첫머리에 집중!** S1, S2 적용

| A 搬家 | B 搬行李 | A 이사를 한다 | B 짐을 옮긴다 |
| C 搬饮料 | D 整理文件 | C 음료수를 옮긴다 | D 서류를 정리한다 |

男: 那箱饮料可不轻，还是我来搬吧。
女: 那谢谢你了。

问: 男的在帮女的做什么?

남: 그 음료수 박스는 가볍지 않아, 내가 옮기는 게 낫겠어.
여: 그럼 고맙지.

질문: 남자는 여자를 도와 무엇을 하고 있는가?

|해설| 搬(옮기다)이라는 단어만 들었다면 다른 보기와 헷갈릴 수 있지만, 남자가 처음에 那箱饮料(그 음료수 박스)라고 말한 것을 놓치지 않았다면 C를 답으로 고를 수 있다.

|단어| ★搬家 bānjiā 통 이사하다 | 搬 bān 통 옮기다 | 行李 xíngli 명 짐 | 饮料 yǐnliào 명 음료 | 整理 zhěnglǐ 통 정리하다 | 文件 wénjiàn 명 서류, 문건 | 轻 qīng 형 가볍다

 CD-37

| 문제 분석 | 상황을 유추할 수 있는 어휘에 주의!　◀ S1, S2 적용

A 去花园了　　　　　　B 心情不好　　　　A 화원에 갔다　　　　　B 기분이 안 좋다
C 买新房了　　　　　　D 不想请客　　　　C 새집을 샀다　　　　　D 초대하고 싶지 않다

男：听说今天小王请客，难道有什么好事儿？

남: 오늘 샤오왕이 초대한다던데, 무슨 좋은 일 있나?

女：他搬新家了，晚上请同事们去家里吃饭，顺便看看他的新房子。

여: 새집으로 이사했어. 저녁에 동료들을 자기 집에 밥 먹으러 오라고 초대했어. 간 김에 집 구경도 좀 하라고.

男：是吗？他在哪儿买的房子？

남: 정말? 어디에 집을 샀대?

女：新家的名字好像是"长虹花园"，环境很好很安静。

여: 새집 이름이 '무지개 화원'이었던 것 같아. 환경도 매우 좋고 조용하다던데.

问：小王怎么了？

질문: 샤오왕은 어떠한가?

| 해설 | 여자가 샤오왕이 새집으로 이사했다(搬新家)고 했으므로 답은 C가 된다. 대화에는 이사했다고 언급된 것이 보기에는 새집(新房)을 구입했다고 바뀌어 나왔다. 여기서 花园은 아파트의 이름이지, '꽃밭'을 의미하지 않으므로 A가 답이 아니다. 새집을 사서 기분도 좋고, 사람들을 초대해서 집 구경도 시키고 싶어하므로, B, D 모두 답이 될 수 없다.

단어　花园 huāyuán 몡 화원 ｜ 心情 xīnqíng 몡 마음, 기분 ｜ 新房 xīnfáng 몡 새집 ｜ 请客 qǐngkè 동 손님을 초대하다 ｜ ★难道 nándào 분 설마 ~인가 ｜ 同事 tóngshì 몡 동료 ｜ ★顺便 shùnbiàn 분 ~하는 김에 ｜ 长虹 chánghóng 몡 무지개 ｜ 环境 huánjìng 몡 환경 ｜ 安静 ānjìng 혱 조용하다

 感动日记

▶ 오늘 새롭게 알게 된 내용, 가장 중요한 핵심내용, 학습 소감과 각오 등을 적어보세요.

1 家 jiā 집

1 休息 xiūxi 쉬다
2 听音乐 tīng yīnyuè 음악을 듣다
3 洗碗 xǐwǎn 설거지하다
4 做饭 zuòfàn 요리를 하다
   = 做菜 zuòcài
5 打扫 dǎsǎo 청소하다

6 洗衣服 xǐ yīfu 빨래하다
7 聊天儿 liáotiānr 이야기하다
8 看电视 kàn diànshì 텔레비전을 보다
9 起床 qǐchuáng 일어나다
10 睡觉 shuìjiào 잠을 자다

2 日常生活 rìcháng shēnghuó 일상생활

1 旅游 lǚyóu 여행하다
2 买礼物 mǎi lǐwù 선물을 사다
3 逛街 guàngjiē 쇼핑하다
   = 买东西 mǎi dōngxi

4 去市场 qù shìchǎng 시장에 가다
5 爬楼梯 pá lóutī 계단을 오르다
6 玩游戏 wán yóuxì 게임을 하다
7 看表演 kàn biǎoyǎn 공연을 보다

3 医院 yīyuàn 병원

1 看病 kànbìng 진료를 받다 / 진료하다
2 住院 zhùyuàn 입원하다
   ↔ 出院 chūyuàn 퇴원하다

3 打针 dǎzhēn 주사를 맞다 / 주사를 놓다
4 开刀 kāidāo 수술을 하다
   = 动手术 dòng shǒushù

4 公司 gōngsī 회사

1 开会 kāihuì 회의하다
2 出差 chūchāi 출장 가다
3 上班 shàngbān 출근하다
   ↔ 下班 xiàbān 퇴근하다

4 加班 jiābān 연장 근무를 하다
5 退休 tuìxiū 퇴직하다
6 辞职 cízhí 사직하다
7 面试 miànshì 면접을 보다

내가 생각하는 HSK란? – HSK는 [   ]다.

- HSK는 휴지다. 계속 풀어야지 실력이 느니까. – 신보라
- HSK는 인생의 목표다. 이루지 않고 죽기 싫으니까. – 류현주
- HSK는 사우나다. 참고 또 참아야 한다. – 진수경
- HSK는 등산이다. 오를 때는 힘들지만, 정상에 올랐을 때 쾌감은 끝내주니까. – 서예지
- HSK는 11cm 하이힐이다. 준비하는 동안 뼈 아픈 고통이 있지만, 멋진 나를 만들어준다. – 안예지

(계명대 특강 中)

17 day

CD-38

1. A 旅游　　　　B 买东西　　　　C 去上海　　　　D 收拾行李

2. A 运动　　　　B 开会　　　　C 旅游　　　　D 上课

3. A 散步　　　　B 洗澡　　　　C 看电视　　　　D 打扫厨房

4. A 看雪景　　　　B 拍照片　　　　C 吃早饭　　　　D 马上去上班

18 day

CD-39

1. A 出差　　　　B 旅行　　　　C 留学　　　　D 做生意

2. A 安静　　　　B 写总结　　　　C 做市场调查　　　　D 去外地出差

3. A 拿书　　　　B 修车　　　　C 倒垃圾　　　　D 买塑料袋

4. A 给女的纸　　　　　　　　　B 让女的出去

   C 允许女的出去　　　　　　　D 在黑板上写题

06 그대로 들리는 핵심어

듣기 제2·3부분

듣기 제2·3부분 중에서 들려준 내용이 보기에 거의 고스란히 나오는 유형이다. 녹음을 듣기 전에 보기에 제시된 어휘들에 눈도장을 확실히 찍어놓고 대화를 들으면 바로 정답이 보일 것이다. 집중만 한다면 모두 맞힐 수 있는 문제들이니 절대로 놓치지 말자!

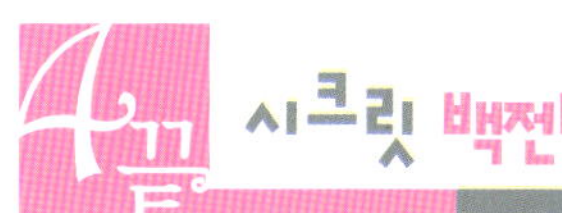

1 보기를 보고 핵심어 문제임을 알아채라!

핵심어 문제는 보기에 단어, 구, 절 등이 다양하게 나온다.

예 聪明 똑똑하다 / 迟到 지각하다 / 很热 매우 덥다

打电话 전화하다 / 味道很好 맛이 매우 좋다

2 들리는 게 곧 정답이다!

4급 문제는 녹음에서 들린 표현이 보기에 그대로 나오거나, 1·2음절만 바뀌어서 나오는 경우가 많으므로 난이도가 그다지 높지 않다.

예 [녹음] 我想买一件大衣。 나는 외투 한 벌을 사고 싶다.

= [보기] 想买一件衣服 옷 한 벌을 사고 싶다

3 노트에 정리해서 암기하라!

때로는 공부한 단어가 답이 되는 경우도 있으니, 문제를 풀고 나면 핵심어와 정답을 다시 노트에 정리해서 암기해야 한다. 실전에서 핵심어가 귀에 팍팍 꽂히게 될 것이다.

예 来不及 = 没有时间 시간이 없다

不贵 = 便宜 (값이) 싸다

有的是 = 很多 많다

 CD-40

문제 **1**　A 床　　　B 木头　　　C 家具　　　D 沙发

| 문제 분석 | **핵심어에 집중!**　◀ S1, S2 적용

| A 床 | B 木头 | A 침대 | B 목재 |
| C 家具 | D 沙发 | C 가구 | D 소파 |

男: 小姐，您好，你想买什么家具，需要我为您介绍一下吗？
女: 谢谢，我想买沙发，有木头的吗？

问: 女的要买什么？

남: 아가씨, 안녕하세요, 어떤 가구를 사려고 하시나요? 제가 소개 좀 해드릴까요?
여: 고마워요. 소파를 사고 싶은데, 나무로 된 것 있나요?

질문: 여자는 무엇을 사려고 하는가?

| 해설 | 보기의 木头(목재), 家具(가구), 沙发(소파)라는 단어는 모두 녹음에서 언급된 단어지만, 여자가 사고 싶은 것은 가구 중에서도 목재로 된 소파이므로 답은 D가 된다.

| 단어 | 床 chuáng 몡 침대 | 木头 mùtou 몡 목재, 나무 | 家具 jiājù 몡 가구 | 沙发 shāfā 몡 소파 | ★需要 xūyào 됨 필요하다 | 介绍 jièshào 됨 소개하다

 CD-41

문제 **2**　A 旅游　　　B 开车　　　C 游泳　　　D 看朋友

| 문제 분석 | **들리는 내용 그대로 이해하기!**　◀ S1, S2 적용

| A 旅游 | B 开车 | A 여행하다 | B 운전을 하다 |
| C 游泳 | D 看朋友 | C 수영하다 | D 친구를 만나다 |

女: 你好! 请问，王师傅在家吗？
男: 他不在，去游泳了。
女: 那他什么时候回来？
男: 一会儿就回来。
女: 好的，那我等会儿再联系他吧。打扰了，再见。

问: 王师傅做什么去了？

여: 안녕하세요! 저기, 왕 선생님 댁에 계시나요?
남: 안 계세요. 수영하러 가셨어요.
여: 그럼 언제쯤 돌아오시나요?
남: 좀 있으면 돌아오실 거예요.
여: 알겠습니다. 그럼 제가 조금 있다가 다시 연락 드릴게요. 폐를 끼쳤네요. 안녕히 계세요!

질문: 왕 선생님은 무엇을 하러 갔는가?

| 해설 | 왕 선생님이 집에 계시냐는 여자의 물음에 남자는 수영하러 가셔서 안 계신다고 했으므로 답은 C가 된다. 旅游(여행하다)와 游泳(수영하다)은 발음이나 모양이 비슷하여 혼동하기 쉬우니 주의한다.

| 단어 | 旅游 lǚyóu 됨 여행하다 | 开车 kāichē 됨 운전하다 | ★游泳 yóuyǒng 됨 수영하다 | 朋友 péngyou 몡 친구 | 师傅 shīfu 몡 스승, 사부 | 联系 liánxì 됨 연락하다 | 打扰 dǎrǎo 됨 방해하다, 폐를 끼치다

	핵심어	동의어 표현	의미
1	有的是 yǒudeshì	很多 hěn duō	얼마든지 있다
2	发福了 fāfúle	胖了 pàngle	살이 쪘다
3	味道好 wèidao hǎo	好吃 hǎochī	맛이 좋다
4	难过 nánguò	痛苦 tòngkǔ	괴롭다
5	出差 chūchāi	在外地 zài wàidì	출장 가다
6	出毛病 chū máobìng	坏了 huàile	고장이 나다
7	准时 zhǔnshí	按时 ànshí	제때에, 시간에 맞춰
8	害怕 hàipà	怕 pà	무섭다, 두렵다
9	过时了 guòshíle	不流行 bù liúxíng	유행이 지나다
10	关键 guānjiàn	最重要 zuì zhòngyào	관건은, 가장 중요한 것은
11	太阳从西边出来 tàiyáng cóng xībian chūlai	不可能 bù kěnéng	해가 서쪽에서 뜨다, 불가능하다
12	半天 bàntiān	很长时间 hěn cháng shíjiān	한참 동안
13	马虎 mǎhu	粗心 cūxīn	세심하지 못하다, 덜렁대다
14	难得 nándé	很少 hěn shǎo	~하기 어렵다, 드물다
15	答应 dāying	同意 tóngyì	동의하다
16	好不容易 hǎoburóngyì	好容易 hǎoróngyì	매우 어렵사리
17	脾气 píqi	性格 xìnggé	성격, 성질
18	下岗 xiàgǎng	失业 shīyè	실직하다
19	忙得不得了 máng de bùdéliǎo	很忙 hěn máng	매우 바쁘다
20	不一定 bù yídìng	不见得 bújiànde / 未必 wèibì	반드시 ~한 것은 아니다
21	不简单 bù jiǎndān	了不起 liǎobuqǐ	대단하다
22	动身 dòngshēn	出发 chūfā	출발하다
23	有把握 yǒu bǎwò	有信心 yǒu xìnxīn	자신이 있다
24	发火 fāhuǒ	生气 shēngqì	화를 내다
25	很热闹 hěn rènao	好不热闹 hǎobùrènao	매우 북적이다

19 day

 CD-42

1. A 运气不好　　　　　　　　　B 奖金发过了

　　C 不可能发奖金　　　　　　　D 西边的太阳最美

2. A 太远了　　　B 菜太贵　　　C 太随便　　　D 菜很好吃

3. A 别去　　　　B 迟到　　　　C 早点到　　　D 按时到达

4. A 诚实　　　　B 很粗心　　　C 不马虎　　　D 能吃苦

20 day

 CD-43

1. A 凑合　　　　B 不错　　　　C 非常好　　　D 谁也不知道

2. A 要注意　　　B 复习重点　　C 多做练习　　D 要集中精神

3. A 不严重　　　B 害怕打针　　C 讨厌吃药　　D 已经好了

4. A 撞车了　　　B 受伤了　　　C 路上堵车　　D 还能开车

07 '듣기의 꽃' 의미 파악 문제

의미 파악 문제는 '듣기의 꽃'이라고 할 수 있을 정도로 가장 중요한 문제 유형으로, 전체 문제의 50% 이상을 차지한다. 의미 파악 문제는 들리는 단어 그대로 답을 고르기보다는 대화의 내용을 머릿속에 그리며 전체 상황을 이해해야만 풀 수 있는 문제가 많다. 지엽적인 단어 하나에 매달리지 말고 예민해진 귀로 대화 전체를 듣도록 노력해보자!

1 보기를 보고 의미 파악 문제임을 알아채라!

의미 파악 문제는 보기에 명사, 동사(구), 문장 등이 다양하게 나온다. 핵심어 문제와 유사하다.

2 이미지화 훈련을 하라!

한 글자 한 글자 해석하다 보면 숲 속의 나무만 보고 산의 전체 모습을 보지 못하는 격이 된다. 대화를 들으면서 상황을 머릿속으로 상상하는 이미지화 훈련을 해야 한다.

3 혼동 어휘를 배제하라!

난이도의 판단 기준은 문제 속에 혼동 어휘가 있는지 여부다. 난이도가 있는 문제는 분명 문제 속에 혼동 어휘가 존재할 것이다. 어떤 것이 진정한 힌트인지 옥석을 가리는 능력을 길러야 한다.

4 노트에 정리해서 암기하라!

어떤 내용이 답에서는 어떻게 표현되었는지 노트에 정리해서 암기하면, 실전에서 정답이 눈에 쏙쏙 들어올 것이다.

예 [녹음] 我太累了。 나 너무 피곤해.

= [보기] 他不想出去玩。 그는 놀러 나가기 싫다.

 CD-44

| 문제 **1** | A 漂亮 | B 是新的 | C 是旧的 | D 是跟朋友借的 |

| 문제 분석 | 대화의 상황 이해하기!　◀ S1, S3 적용

A 漂亮　　　　　B 是新的
C 是旧的　　　　D 是跟朋友借的

女: 啊! 外面下雪了! 别睡啦! 你快来看看!
男: 真的? 咱们出去吧。正好试试你的新照相机!

问: 这个照相机怎么样?

A 예쁘다　　　　　B 새것이다
C 오래된 것이다　　D 친구에게 빌린 것이다

여: 어! 밖에 눈 온다! 자지 말고 빨리 와서 봐봐!
남: 정말? 우리 밖에 나가자. 마침 네가 새로 산 사진기 시험해보면 되겠네!

질문: 이 사진기는 어떠한가?

| 해설 | 눈이 온다, 잠을 잔다, 본다, 나간다 등의 여러 가지 상황을 들려주지만, 질문의 답이 되는 정보를 파악해야 한다. 남자가 새로 산 사진기를 시험해보자고 말했으므로, 이 사진기가 새것이라는 것을 알 수 있다.

단어 漂亮 piàoliang 웹 예쁘다 ┃ 新 xīn 웹 새롭다 ┃ 旧 jiù 웹 오래되다 ┃ 借 jiè 툉 빌리다 ┃ 下雪 xiàxuě 툉 눈이 내리다 ┃ 睡 shuì 툉 (잠을) 자다 ┃ ★ 正好 zhènghǎo 뮈 마침 ┃ 试 shì 툉 시험 삼아 해보다 ┃ 照相机 zhàoxiàngjī 뎽 사진기

문제 2

| A 学国际关系 | B 跟父母商量 |
| C 让孩子自己决定 | D 不能听孩子的想法 |

|문제 분석| 혼동 어휘를 배제하고 대화 상황 이미지화하기! **S1, S2, S3 적용**

A 学国际关系
B 跟父母商量
C 让孩子自己决定
D 不能听孩子的想法

A 국제관계를 공부한다
B 부모와 의논을 한다
C 아이에게 스스로 결정하게 한다
D 아이의 생각을 들을 수 없다

女: 王师傅，您孩子今年该考大学了吧？
男: 我正想找你呢，你说，让他报什么专业比较好呢？ 国际关系？
女: 这主要得看孩子的兴趣。
男: 也对，那我再回去和他商量商量。

问: 女的是什么看法？

여: 왕 선생님, 선생님 자녀가 올해 대학 시험 보죠?
남: 마침 너를 찾아가려고 했어. 네가 보기에 그 아이가 어떤 전공을 하는 게 좀 좋겠니? 국제관계?
여: 중요한 것은 아이의 흥미예요.
남: 그 말도 맞군. 그럼 다시 돌아가서 아이와 상의를 좀 해야겠어.

질문: 여자의 의견은 어떠한가?

|해설| 여자는 아이의 흥미 위주로 생각해야 한다고 했는데, 그 말은 아이에게 스스로 결정하도록 해야 한다는 의미다. 국제관계 전공도 언급되기는 했지만, 그것은 남자의 생각이지 여자의 생각이 아니다. 대화문에서는 남자의 의견인지 여자의 의견인지 확실히 구분할 줄 알아야 한다.

단어 国际 guójì 명 국제 | 关系 guānxi 명 관계 | 决定 juédìng 동 결정하다 | 想法 xiǎngfa 명 생각 | 师傅 shīfu 명 스승, 사부 | 报 bào 동 신청하다 | 专业 zhuānyè 명 전공 | ★兴趣 xìngqù 명 흥미 | 商量 shāngliang 동 상의하다

感动日记

▶ 오늘 새롭게 알게 된 내용, 가장 중요한 핵심내용, 학습 소감과 각오 등을 적어 보세요.

이미지지화 훈련

의미 파악은 화자가 한 말을 바탕으로 그 속에 어떤 의미가 숨어 있는지 알아내는 것이다. 표면적으로 들리는 몇 개의 단어에 집착하지 말고, 전체 문맥을 파악하고 머릿속으로 이미지화 훈련을 한다. 듣기 실력 향상에 큰 도움이 될 것이다.

듣기	이미지화	유추
1 我一个人能完成。 나 혼자서 완성해낼 수 있어.	혼자서 할 수 있다면, 그 다음에 어떤 말이 생략된 걸까?	你不用来帮我。 너는 나를 도우러 올 필요 없다.
2 看这样的电影，还不如回家看孩子。 이런 영화를 보느니 차라리 집에서 애나 보겠다.	이 영화가 어떻길래 집에 가서 애나 보겠다고 하는 걸까?	这部电影没意思。 이 영화는 재미가 없다.
3 这个计划书11点钟就完成了。 이 계획서는 11시에 이미 완성했다.	11点 뒤에 시간의 빠름을 나타내는 就가 있다는 것은 무엇을 의미할까?	计划书写得很快。 계획서를 빨리 썼다.
4 什么风把你吹来了? 무슨 바람이 불어서 왔니?	상대방은 바람이 불어서 온 걸까?	他来得很突然。 그가 온 것이 매우 갑작스럽다. 他不经常来。 그는 자주 오지 않는다.
5 她长得不怎么样。 그녀는 생김새가 별로다.	생김새를 평가하고 있다. 不怎么样은 긍정의 어휘일까? 부정의 어휘일까?	她长得不好。 그녀는 못생겼다.

1．A 不用来接　　　　　　　　　B 让女的请假

　　C 一个人回不了家　　　　　　D 不知道火车几点到

2．A 负责　　　　B 很专业　　　　C 过于认真　　　　D 符合要求

3．A 成熟　　　　B 幽默　　　　C 长得帅　　　　D 体贴人

4．A 身体不舒服　　　　　　　　　B 逛街非常累

　　C 逛街很有意思　　　　　　　D 女的逛街速度太快

1．A 穷　　　　B 没房　　　　C 个子矮　　　　D 找不到对象

2．A 源头　　　　B 风景　　　　C 长度　　　　D 流经的省市

3．A 减肥　　　　B 聊天　　　　C 停电了　　　　D 电梯坏了

4．A 不难　　　　B 很轻松　　　　C 没希望　　　　D 不顺利

제3부분 긴 지문

기출문제 탐색전

문제 

36.   A 牙膏   B 小知识 C 皮肤病治疗法   D 一个电视节目
37.   A 生活   B 工作   C 医疗   D 学习

1. 총 5개의 긴 지문에서 지문당 2문제씩 총 10문제가 출제된다.

2. 제2부분과 마찬가지로 4개의 보기는 '주어 + 술어 + 목적어', '동사구', '형용사구', '명사' 형태로 제시된다.

 제1·2부분처럼 한 문제의 보기만 보는 것이 아니라, 두 문제의 보기(총 8개)를 미리 숙지해야 한다. 일일이 해석할 시간이 충분하지 않더라도 '어떤 내용을 묻는 문제구나' 정도는 파악해야 한다.

3. 문제는 녹음 지문의 순서와 일치하게 나올 확률이 높다.

먼저 첫 번째 문제의 보기를 보면서 녹음을 듣다가 예상 답안이 발견되면 바로 답을 체크하고, 연이어 다음 문제 보기를 보면서 문제를 풀면 된다.

4. 문제 범위를 알리는 멘트와 질문은 모두 여자 성우가 낭독한다.

　여자 성우: 第36-37题是根据下面一段话。

　여자 성우: 36. 说话人在介绍什么?

5. 문제당 약 15초의 시간이 주어진다.

듣기 제3부분의 마지막 유형은 긴 지문 문제다. 한 지문에 2문제 정도가 출제되며, 총 다섯 지문이 나온다. 대화문은 남녀가 말을 주고 받는 사이에 시간 간격이 있는 반면, 긴 지문은 한 사람이 이야기를 들려주는 방식으로, 내용이 조금 길어지기 때문에 학습자들이 부담을 갖는 영역이기도 하다. 하지만 긴 지문이 어렵다는 고정관념은 버리자! 단지 지문이 조금 더 길어졌다는 것뿐! 오히려 이야기의 줄거리를 예측하는 데는 긴 지문이 더 쉬울 수 있다. 최소 10개 이상의 지문을 완벽하게 학습해보면 긴 지문도 넘지 못할 벽이 아니라는 사실을 깨닫게 될 것이다.

녹음 지문

第36-37 题是根据下面一段话:

　　这个节目我一直在看，它介绍了很多生活中的小知识，包括怎样选择牙膏，擦脸应该用什么毛巾，怎样远离皮肤病等等。很多以前我没有注意到的问题，现在通过它了解了不少。

36. 说话人在介绍什么?
37. 说话人了解了哪方面的知识?

1. 제3부분의 녹음 지문은 대략 70~100자 미만의 길이다. 듣기 제3부분의 대화문과 비슷한 정도니 겁먹을 필요는 없다.

2. 내용은 일상생활과 관련된 내용이 대부분이지만, 내용을 전체적으로 파악해야 문제를 풀 수 있다. 안 들리는 부분에 너무 집착할 필요는 없다. 답은 주로 들리는 부분에 있다.

3. 녹음 지문은 남녀 성우가 번갈아가면서 낭독한다. 첫 번째 지문을 여자가 낭독했다면, 두 번째 지문은 남자가 낭독한다.

4. 녹음 지문이 끝나면 약간의 시간이 주어진다. 이때 빨리 머릿속으로 들은 내용을 정리한다.

01 — 재미 & 감동 주는 에피소드

듣기 제3부분

재미와 감동을 주는 내용의 긴 지문은 총 5개 중 1~2개를 차지한다. 아직 고급 수준이 아닌 4급이라는 점을 감안하여 지문의 길이도 2~4줄 정도로 출제되며, 내용도 그렇게 딱딱하거나 어렵지 않다. 하지만 내용이 아무리 쉬워도 이야기의 전반적인 내용을 이해하지 못하면 실수를 하게 되므로, 이야기의 흐름을 쫓아가며 듣는 습관을 길러보자!

4급끝 시크릿 백전백승

1 보기 내용을 미리 숙지하라!

긴 지문은 3~4줄의 비교적 긴 내용을 단 한 번 듣고 이해해야 하므로 심적 부담이 크다. 보기를 먼저 보고 무엇을 핵심으로 들어야 할지, 어떤 내용이 나올지 미리 예측하고 듣는 것이 중요하다.

2 질문은 순서대로 나온다!

한 지문에 2개의 문제가 출제되는데, 대부분 이야기의 전개 흐름과 질문의 순서가 일치한다. 따라서 첫 번째 문제의 답은 녹음의 앞부분에서 찾아내고, 두 번째 문제의 답은 녹음의 중간이나 뒷부분에서 찾아보거나, 전체 내용을 파악한 후에 고르는 것이 현명하다.

3 들은 내용에 체크하라!

녹음을 들을 때는 눈을 감거나 허공을 바라보는 것이 아니라, 반드시 보기를 보고 있어야 한다. 보기에 해당하는 내용이 나오면 바로 체크해가며 정답을 고르는 연습을 하자.

| 문제 | 1. A 帽子　　B 裤子　　C 衬衫　　D 袜子 |
| | 2. A 朋友　　B 丈夫　　C 路人　　D 售货员 |

| 문제 분석 | 보기를 보면서 이야기의 흐름에 집중!　S1, S2 적용

昨天妻子让我陪她去买双袜子。进了商店她没看袜子，先去看了帽子，看上了一顶就买下了。然后她又买了一条裤子，一件衬衫。把她身上带的钱全花完后我们就回家了。回家以后我吃惊地发现我们竟然没有买袜子。

어제 나는 아내와 함께 양말을 사러 갔다. 상점에 들어가니 아내는 양말은 보지 않고 먼저 모자를 보러 갔고, 모자 하나를 보더니 이내 바로 사버렸다. 그 다음으로 그녀는 또 바지 한 벌과 블라우스 한 벌을 샀다. 아내가 갖고 있던 돈을 모두 다 쓴 후에 우리는 집으로 돌아왔다. 집에 돌아온 후에 나는 우리가 양말을 사지 않은 것을 알아차리고 깜짝 놀랐다.

| 단어 | 妻子 qīzi 몡 아내 | 陪 péi 동 동반하다, 수행하다 | 商店 shāngdiàn 몡 상점 | ★带 dài 동 (몸에) 지니다 | 花 huā 동 쓰다, 소비하다 | 回家 huíjiā 동 집으로 돌아가다 | ★吃惊 chījīng 동 놀라다 | ★发现 fāxiàn 동 발견하다 | ★竟然 jìngrán 뵘 의외로, 뜻밖에도

1. A 帽子　B 裤子　C 衬衫　D 袜子　　　A 모자　　B 바지　　C 블라우스　　D 양말

问: 他们计划买什么?　　　　질문: 그들은 무엇을 살 계획이었는가?

| 해설 | 녹음의 첫 부분에서 화자가 아내와 함께 양말을 사러 갔다고 말했으므로, 그들이 사려고 했던 것이 양말이었음을 알 수 있다. 그 다음으로 帽子(모자), 裤子(바지), 衬衫(블라우스)이라는 말이 나왔지만, 이것들은 계획하지 않고 산 것이므로 답이 될 수 없다. 이렇게 여러 단어가 나열된 문제를 풀 때는 단독으로 언급했던 단어가 답이 될 확률이 높다. 녹음에서도 양말은 처음과 끝에 단독으로 언급했지만, 다른 단어들은 같이 연달아 나열했으므로 양말이 답이 될 확률이 높다.

| 단어 | 帽子 màozi 몡 모자 | 裤子 kùzi 몡 바지 | 衬衫 chènshān 몡 블라우스, 와이셔츠 | 袜子 wàzi 몡 양말

2. A 朋友　B 丈夫　C 路人　D 售货员　　A 친구　　B 남편　　C 행인　　D 판매원

问: 说话人是谁?　　　　질문: 화자는 누구인가?

| 해설 | 녹음의 첫 부분에 妻子(아내)라는 단어를 들었다면, 이 이야기를 하는 화자가 남편(丈夫)이라는 것을 알 수 있다. 자주 언급되는 관계 어휘들을 알아두면 문제를 풀 때 도움이 된다.

| 단어 | 朋友 péngyou 몡 친구 | 丈夫 zhàngfu 몡 남편 | 路人 lùrén 몡 행인 | ★售货员 shòuhuòyuán 몡 판매원

에피소드 관련 핵심 어휘

1 등장인물

1	我 wǒ 나	6	恋人 liànrén 연인
2	孩子 háizi 아이	7	老师 lǎoshī 선생님
3	妻子 qīzi 아내	8	学生 xuésheng 학생
4	丈夫 zhàngfu 남편	9	邻居 línjū 이웃
5	男(女)朋友 nán(nǚ)péngyou 남자(여자)친구	10	行人 xíngrén 행인

2 동작, 행위

1	挣钱 zhèngqián 돈을 벌다	6	丢东西 diū dōngxi 물건을 잃어버리다
2	买衣服 mǎi yīfu 옷을 사다	7	打电话 dǎ diànhuà 전화를 걸다
3	逛街 guàngjiē 쇼핑하다	8	旅行 lǚxíng 여행하다
4	吃饭 chīfàn 밥을 먹다	9	结婚 jiéhūn 결혼하다
5	吵架 chǎojià 말다툼하다	10	散步 sànbù 산책하다

3 감정

1	幸福 xìngfú 행복하다	6	不愿意 bú yuànyì 원하지 않다
2	舒服 shūfu 편안하다	7	寂寞 jìmò 외롭다
3	发脾气 fā píqi 성질 부리다	8	失望 shīwàng 실망하다
4	难过 nánguò 괴롭다	9	感动 gǎndòng 감동하다
5	害怕 hàipà 두려워하다	10	感谢 gǎnxiè 감사하다

4 이야기

1	聊天 liáotiān 잡담하다	3	开玩笑 kāi wánxiào 농담하다
2	讲故事 jiǎng gùshi 이야기를 하다	4	笑话 xiàohua 우스갯소리

1 亡羊补牢 wángyángbǔláo
소 잃고 외양간 고치기 (일이 잘못된 뒤에는 손을 써도 소용이 없음을 비유)

2 井底之蛙 jǐngdǐzhīwā
우물 안 개구리 (넓은 세상의 형편을 알지 못하는 사람을 비유)

3 对牛弹琴 duìniútánqín
소 앞에서 거문고를 켜다 (아무리 일러주어도 알아듣지 못하거나 효과가 없는 것을 비유)

4 画龙点睛 huàlóngdiǎnjīng
화룡점정 (가장 중요한 부분을 끝내 완성시키는 것을 비유)

5 塞翁失马 sàiwēngshīmǎ
새옹지마 (인간의 길흉화복은 예측할 수 없음을 비유)

6 朝三暮四 zhāosānmùsì
조삼모사 (간사한 꾀로 남을 속여 희롱함을 비유)

한샘의 러브레터

긴 내용을 들려준 후 학생들에게 들은 것을 이야기해보라고 하면, 들은 내용을 자신만의 판타지 소설로 얘기하곤 한다. 자신의 대답과 지문내용이 일치하지 않아서 창피하거나 낙담한 적이 있는가? 판타지 소설을 만들어낼 수 있는 수준에 올랐다는 것은 아주 크게 칭찬받을 일이다. 가장 큰 문제는 멍하니 목적 의식 없이 듣고, 자신의 자존심을 지키기 위해 틀리느니 차라리 안 들렸다고 둘러대는 것이다. 한 단어도 안 듣고, 실수 한 번 안 하고, 어느 날 갑자기 100% 들리는 외국어는 없다. 안 들리고 말도 안 되는 판타지 이야기 만들기를 반복해보자! 당신에게 곧 지문의 내용이 정확하게 들리기 시작할 것이다!

23 day

1.　A 丢了5块钱　　　　　　　　　　B 找不到妈妈

　　C 被爷爷批评了　　　　　　　　　D 想找别人要5块钱

2.　A 5块　　　　B 10块　　　　C 20块　　　　D 100块

3.　A 感情　　　　B 和平　　　　C 花钱　　　　D 方向

4.　A 该向东走　　　　　　　　　　　B 不要吵架

　　C 女朋友知道路　　　　　　　　　D 女朋友最重要

24 day

CD-51

1.　A 不要骄傲　　B 买件大衣　　C 快点出名　　D 不要忘记过去

2.　A 原来很穷　　B 喜欢打扮　　C 成了名人　　D 喜欢漂亮大衣

3.　A 他弱智　　　B 他不听话　　C 他不上学　　D 他太聪明

4.　A 聪明　　　　B 有能力　　　C 妈妈伟大　　D 热爱科学

02 주제 파악이 최우선인 설명문 

설명문으로는 우리가 주위에서 자주 접할 수 있는 동물·사물에 대한 설명뿐 아니라, 다양한 소재의 지문이 나올 수 있다. 문화·교육·교통·풍속·과학·환경 보호·일반 상식 등이 그에 속한다. 이러한 설명문을 들을 때는 화자가 문장을 통해서 우리에게 하려는 말이 무엇인지 그 중심 의미를 파악해야 하며, 세부 정보도 꼼꼼히 파악해야 한다.

시크릿 백전백승

1 설명문 문제 유형을 익혀두자!

설명문에는 어떤 사물에 대한 설명, 세계에서 이슈화되는 문제, 중국의 풍속 습관이나 명절, 문화 활동 등에 관한 내용이 자주 출제된다.

2 주제를 생각하며 들어라!

녹음 지문을 듣다 보면 반복해서 나오는 주제어가 있게 마련이다. 화자는 그 대상에 대한 특징과 자세한 설명을 곁들일 것이다. 중심 내용과 주제어가 무엇인지 파악하자.

3 절대 포기하지 마라!

설명문에 전문적인 단어가 많이 등장한다고 포기하는 것은 절대 금물이다. 우리를 절망하게 만드는 어려운 단어들은 대부분 함정이고, 간간히 들려오는 쉬우면서도 우리가 알고 있는 단어가 진정한 힌트이자 핵심어다. 포기하지 않고 연습하는 자가 곧 승리한다는 점을 명심하자.

4 다양한 상식을 쌓자!

설명문은 주로 잡지나 신문 등에서 발췌하여 출제하기 때문에 다양한 소재가 등장한다. 평상시 중국의 여러 가지 간행물을 통해 다양한 이야기를 접해놓으면 도움이 될 것이다.

문제	1. A 聪明　　B 孤单　　C 怕人　　D 狗能照顾人
	2. A 能看家　　　　B 不需要照顾
	C 不会感到孤单　　D 不听主人的话

| 문제 분석 | 무엇에 대해 설명하는지에 집중! ◀ S1, S2 적용

狗是一种聪明的动物，它能听懂人说的话，理解人的想法，会和人产生感情。人们喜欢养狗是因为在孤单的时候狗会陪着他们，互相信任，互相照顾。

개는 총명한 동물 중의 하나다. 개는 사람의 말을 알아들을 수 있고, 사람의 생각을 이해하며, 사람과 정을 나눌 수 있다. 사람들이 개를 기르는 것을 좋아하는 이유는 (사람들이) 외로울 때, 개는 그들의 곁에 있어주고, 서로 믿고 보살필 수 있기 때문이다.

| 단어 | 狗 gǒu 명 개 | 动物 dòngwù 명 동물 | ★听懂 tīngdǒng 동 알아듣다 | 理解 lǐjiě 동 이해하다 | 想法 xiǎngfa 명 생각 | 产生 chǎnshēng 동 생기다, 발생하다 | 感情 gǎnqíng 명 감정 | 养 yǎng 동 기르다, 키우다 | ★互相 hùxiāng 부 서로 | 信任 xìnrèn 동 신뢰하다

1. A 聪明　　　　B 孤单　　　　A 똑똑하다　　　B 외롭다
   C 怕人　　　　D 狗能照顾人　　C 사람을 두려워한다　D 개는 사람을 돌볼 수 있다

   问：根据这段话，狗有什么特点?　　질문: 이 이야기에 따르면 개의 특징은 무엇인가?

| 해설 | 개는 총명한 동물이라고 녹음의 첫 부분에 언급되었기 때문에 답은 A다. B의 孤单(외롭다)도 녹음에서 언급되었지만 사람이 외로울 때 개가 곁에 있어준다는 얘기였으므로 답이 될 수 없다.

| 단어 | ★聪明 cōngmíng 형 총명하다, 똑똑하다 | 孤单 gūdān 형 외롭다 | 怕 pà 동 두려워하다 | ★照顾 zhàogù 동 보살피다, 돌보다

2. A 能看家　　　　　A 집을 지킬 수 있기 때문에
   B 不需要照顾　　　B 보살핌이 필요 없기 때문에
   C 不会感到孤单　　C 외롭다고 느끼지 않을 수 있어서
   D 不听主人的话　　D 주인의 말을 듣지 않기 때문에

   问：人们为什么喜欢狗?　　질문: 사람들은 왜 개를 좋아하는가?

| 해설 | 사람들이 개를 기르기 좋아하는 이유는 외롭다고 느낄 때 개가 곁에 있어줄 수 있기 때문이라고 했으므로, 답은 C가 된다. B의 照顾(보살피다)도 녹음에서 언급되었지만 개가 보살핌이 필요 없는 것이 아니라, 사람과 개가 서로를 보살필 수 있다고 얘기한 것이므로 답이 될 수 없다.

| 단어 | 看家 kānjiā 동 집을 지키다 | ★需要 xūyào 동 필요하다 | 主人 zhǔrén 명 주인

설명문에 잘 나오는 어휘

1 教育 jiàoyù 교육

1 私教育 sījiàoyù 사교육
2 小皇帝 xiǎo huángdì 소황제, 응석받이
3 男女平等 nánnǚ píngděng 남녀평등
4 压力 yālì 스트레스, 부담

2 文化 wénhuà 문화

1 节日 jiérì 명절
2 春节 Chūnjié 설
3 中秋节 Zhōngqiūjié 추석
4 饮食文化 yǐnshí wénhuà 음식문화
5 月光族 yuèguāngzú 월급을 모두 써버리는 사람들
6 宗教 zōngjiào 종교
7 打麻将 dǎ májiàng 마작을 하다
8 名胜古迹 míngshènggǔjì 명승고적

3 交通 jiāotōng 교통

1 交通工具 jiāotōng gōngjù 교통수단
2 公车 gōngchē 버스
3 地铁 dìtiě 지하철
4 火车 huǒchē 기차
5 飞机 fēijī 비행기
6 堵车 dǔchē 교통체증

4 环境 huánjìng 환경

1 环境污染 huánjìng wūrǎn 환경오염
2 缺水国家 quēshuǐ guójiā 물부족 국가
3 一次性用品 yícìxìng yòngpǐn 일회용품
4 天气 tiānqì 날씨

5 事物 shìwù 사물

1 太阳 tàiyáng 태양
2 空气 kōngqì 공기
3 水 shuǐ 물
4 土壤 tǔrǎng 토양, 흙
5 手机 shǒujī 휴대전화
6 电脑 diànnǎo 컴퓨터
7 电话 diànhuà 전화
8 MP三 MP sān MP3 플레이어

6 动物 dòngwù 동물

1 狗 gǒu 개
2 猫 māo 고양이
3 大象 dàxiàng 코끼리
4 猴子 hóuzi 원숭이
5 熊猫 xióngmāo 판다
6 鸟 niǎo 새

25 day

 CD-53

1. A 材料　　　　B 性格　　　　C 才能　　　　D 健康

2. A 孩子的性格　B 孩子的才能　C 孩子的看法　D 怎样教育孩子

3. A 雨水　　　　B 友谊　　　　C 好心情　　　　D 好事情

4. A 雨季　　　　B 社会发展　　C 天气情况　　　D 阳光影响心情

26 day

 CD-54

1. A 忙碌　　　　B 炒菜　　　　C 吃饺子　　　　D 互相交流

2. A 热　　　　　B 寒冷　　　　C 舒服　　　　　D 暖和

3. A 到处走　　　B 让人讨厌　　C 很会讲笑话　　D 有时很无聊

4. A 使人发笑　　B 很有礼貌　　C 尊重别人　　　D 做事有耐心

03 고정관념을 버리고 듣는 견해문

듣기 제3부분

견해문은 설명문처럼 어떤 사물에 대한 설명으로 그치는 것이 아니라, 생활 속에서 고찰해볼 수 있는 다양한 주제에 대한 화자의 견해를 밝히는 글을 말한다. 우리가 상식으로 알고 있는 내용이 나올 수도 있지만, 화자 자신만의 고유한 견해를 피력할 수도 있으니, 자신의 생각을 배제하고 화자가 무엇을 말하고자 하는지에 귀를 기울여보자!

4끌 시크릿 백전백승

1 기본 상식에 얽매이지 말라!

견해문은 말하는 이의 관점과 태도를 일목요연하게 설명하는 글이다. 화자는 사람들의 일반적인 생각이나 상식의 오류를 지적하고, 자신의 견해를 밝힌다. 따라서 자기가 알고 있는 상식에 얽매이지 말고 작가의 의견에 귀를 기울여야 한다.

2 주제어를 찾아라!

견해문은 화자가 도대체 무슨 말을 하려고 하는지, 어떤 의도로 이야기를 하는지에 포인트를 두고 들어야 한다. 주로 처음과 마지막에 화자의 중심 생각을 밝히는 경우가 많으므로, 녹음의 처음부터 끝까지 집중해서 주제어를 찾도록 노력해야 한다.

3 접속사를 최대한 활용하라!

인과 · 목적 · 조건 등을 나타내는 접속사를 주의해서 들으면, 이야기의 전체 내용과 핵심을 파악하는 데 도움이 된다.

4 주요 표현을 숙지하라!

이 장의 '시크릿 보물상자'에는 견해문 듣기 지문에서 가장 기본이 되면서도 핵심이 되는 내용들이 정리되어 있으니, 반드시 암기해야 한다.

문제	1. A 麻烦　　B 轻松　　C 吃苦　　D 感到成功
	2. A 最好不哭　　　　B 想哭就哭
	C 尽量多哭　　　　D 哭不一定不好

| 문제 분석 | 말하는 사람의 관점에 주의!　　S1, S2 적용

哭并不是坏事，遇到悲伤的事，哭一场就会感觉心里很痛快。人们成功的时候，会因为激动而落泪，获得爱情或友谊的时候，也会因为感动而哭。所以说哭不一定是坏事。

우는 것은 결코 나쁜 일만은 아니다. 슬픈 일이 닥쳤을 때 한바탕 울고 나면 마음이 후련해진다. 사람들은 성공했을 때는 감격해서 눈물을 흘리고, 사랑이나 우정을 얻었을 때도 감동해서 울게 된다. 그러므로 우는 것이 반드시 나쁜 일만은 아니라고 말하는 것이다.

| 단어 | 坏事 huàishì 몡 나쁜 일 | 悲伤 bēishāng 혱 마음이 아프다, 상심하다 | ★感觉 gǎnjué 동 느끼다, 생각하다 | ★痛快 tòngkuài 혱 통쾌하다, 후련하다 | ★激动 jīdòng 동 감격하다, 흥분하다 | 落泪 luòlèi 동 눈물을 흘리다 | 获得 huòdé 동 얻다, 획득하다 | 爱情 àiqíng 몡 애정, 사랑 | 友谊 yǒuyì 몡 우정 | 感动 gǎndòng 동 감동하다

1. A 麻烦　　　　B 轻松　　　　A 귀찮다　　　　B 편안하다
　 C 吃苦　　　　D 感到成功　　C 괴롭다　　　　D 성공을 느낀다

问: 伤心时哭一哭会怎么样?　　질문: 속상할 때 한 번 울고 나면 어떠한가?

| 해설 | 녹음에서는 한바탕 울고 나면 마음이 편안해진다고 했으므로, 비슷한 의미를 지닌 B가 답이 된다. D도 녹음에서 언급된 내용이지만 사람들이 눈물을 흘리게 되는 상황 중의 하나를 예로 든 것이므로, 질문의 내용과는 일치하지 않는다.

| 단어 | ★麻烦 máfan 혱 귀찮다, 성가시다 | ★轻松 qīngsōng 혱 편안하다, 홀가분하다 | 吃苦 chīkǔ 동 고생하다, 고통을 맛보다 | ★感到 gǎndào 동 느끼다 | 成功 chénggōng 동 성공하다

2. A 最好不哭　　　　A 울지 않는 것이 가장 좋다
　 B 想哭就哭　　　　B 울고 싶을 때는 울어야 한다
　 C 尽量多哭　　　　C 가능한 한 많이 울어라
　 D 哭不一定不好　　D 우는 것이 꼭 안 좋은 것만은 아니다

问: 这段话主要告诉我们什么?　　질문: 이 이야기에서 주로 말하고자 하는 것은?

| 해설 | 마지막 부분에서 결과적으로 우는 것이 반드시 나쁜 일만은 아니라고 했으므로, 답은 D가 된다. 긴 지문에서 글의 주제를 물어보는 문제가 종종 나오는데 주제는 보통 앞이나 뒤에 많이 나오므로 처음부터 끝까지 집중해서 들어야 한다.

| 단어 | ★最好 zuìhǎo 분 가장 바람직한 것은, 제일 좋기는 | 哭 kū 동 울다 | ★不一定 bùyídìng 분 반드시 ~한 것은 아니다 | ★尽量 jǐnliàng 분 가능한, 되도록

끝 시크릿 보물상자

1 견해를 나타내는 표현

1 我认为 내가 여기기에는

2 我觉得 내가 생각하기에

3 未必 = 不一定 반드시 그런 것은 아니다

4 意味着… ~을 의미한다

5 说实话 사실대로 말하면

6 一般来说 일반적으로 말해서

2 강조를 나타내는 표현

1 一定要知道 반드시 알아야 한다

2 关键是 관건은 ~이다

3 尤其是 = 特别是 특히, 더욱이

4 连…也 / 更 심지어 ~조차도

5 不是…, 而是… ~가 아니라 ~이다

3 예를 들 때 사용하는 표현

1 比如(说) = 比方说 예를 들어 말하면

2 拿…来说 ~으로 말하자면

3 总的来说 = 总之 총괄적으로 말해서

4 调查表明 사실이 증명한다, 조사에 의하면

感动日记

▶ 오늘 새롭게 알게 된 내용, 가장 중요한 핵심내용, 학습 소감과 각오 등을 적어보세요.

27 day

1. A 金钱　　　　B 条件　　　　C 爱情　　　　D 环境

2. A 不要吵架　　B 减少误会　　C 礼貌对人　　D 互相支持、信任

3. A 酒　　　　　B 生活　　　　C 面包　　　　D 巧克力

4. A 辣中带香　　B 甜里有苦　　C 中间最好吃　　D 不是谁都能吃到

28 day

1. A 很浪漫　　　B 只有甜蜜　　C 特别有趣　　D 内容丰富

2. A 复杂的　　　B 小说里的　　C 很简单的　　D 诚实正直的

3. A 小鸟爱叫　　　　　　　　　B 小鸟在听

   C 小鸟会唱歌　　　　　　　　D 鸟的叫声很好听

4. A 美看不见　　　　　　　　　B 一直都在

   C 美是听小鸟叫　　　　　　　D 美不容易被理解

04 각종 공고 & 안내 멘트

듣기 제3부분의 긴 지문은 다양한 주제로 출제되고 있다. 그중 눈에 띄는 것은 TV · 라디오 진행자의 멘트나 뉴스 · 비행기 · 기차 · 지하철의 안내 방송멘트, 그리고 각종 공고 등에 관한 내용이다. 이러한 문제 유형은 자주 출제되는 고정적인 표현을 외워두면 상당히 도움이 되므로, 필수 표현을 외우도록 하자.

시크릿 백전백승

1 고정적인 표현을 많이 외워두자!

방송 프로그램을 진행하는 사회자가 나와서 첫인사를 한다거나, 지하철에서 안내 방송이 나올 때 사용되는 멘트는 대부분 고정적인 표현이다. 미리 숙지해놓으면 내용을 파악하는 데 큰 도움이 된다.

2 문제가 아닌 정보로 생각하라!

학습자들은 듣기나 독해 지문을 대할 때, 그냥 '문제'로만 생각하지, '정보'라고 는 생각하지 않는 경우가 많다. 新HSK 문제로 출제되었다는 것은 내용이나 어 휘사용 면에서 중국어 학습자들이 알아두면 유익한 내용임을 입증한다. 문제로 만 푸는 데 그치지 말고, 배운 내용을 습득해서 실생활에도 적용할 수 있도록 해 보자!

내가 생각하는 HSK란? – HSK는 □□□□□ 다.

- HSK는 곰탕이다. 오랫동안 우려야 구수한 국물 맛을 볼 수 있기 때문이다. – 정영진
- HSK는 군대다. 가기 전에는 무섭고 힘들지만, 일단 통과하면 별 거 아니다. – 김광덕
- HSK는 수학이다. 어렵고 아무리 해도 끝이 없지만 답은 있다. 답을 알고 나면 기쁘다. – 문유진
- HSK는 휴대폰이다. 계속 더 좋은 급수를 따야 하니까. – 김설화
- HSK는 술이다. 처음엔 쓰지만 마실수록 중독되듯이, HSK도 처음에는 어렵지만 공부할수록 즐기게 된다. – 정규선

(계명대 특강 中)

 CD-58

문제	1.	A 牙刷	B 小知识

1. A 牙刷　　　　　　　B 小知识
   C 皮肤病治疗法　　　D 一个电视节目
2. A 生活　　B 工作　　C 皮肤　　D 学习

| 문제 분석 | 핵심어 节目의 의미에 주의!　　S1, S2 적용

这个节目我一直在看，它经常介绍生活中的小知识，包括怎样选择牙刷，擦脸应该用什么毛巾，怎样远离皮肤病等等。很多以前我没有想过的问题，现在通过它了解了不少。

나는 계속 이 프로그램을 보는데 프로그램에서는 어떻게 칫솔을 고르는지, 얼굴을 닦을 때에는 어떤 수건을 써야 하는지, 어떻게 피부병을 멀리 할 수 있는지 등의 생활 속의 작은 지식을 자주 소개해준다. 예전에는 생각하지 못했던 많은 문제들을 지금은 이 프로그램을 통해서 많이 알게 되었다.

| 단어 | ★ 一直 yìzhí 閉 줄곧 | ★ 经常 jīngcháng 閉 자주, 항상 | ★ 介绍 jièshào 동 소개하다 | 包括 bāokuò 동 포함하다 | ★ 选择 xuǎnzé 동 선택하다 | 擦 cā 동 닦다 | 毛巾 máojīn 명 수건 | 问题 wèntí 명 문제 | ★ 了解 liǎojiě 동 이해하다

1. A 牙刷　　　　　　B 小知识　　　　A 칫솔　　　　　B 작은 지식
   C 皮肤病治疗法　　D 一个电视节目　C 피부병 치료법　D 한 TV 프로그램

问: 说话人在介绍什么?　　　　질문: 화자는 무엇을 소개하고 있는가?

| 해설 | 어떤 프로그램을 통해서 여러 가지 생활 속의 작은 지식들을 알게 된 이야기를 하고 있으므로, 지금 화자는 TV 프로그램을 소개하고 있다는 것을 알 수 있다. A, B, C 모두 녹음에서 언급된 단어들이지만 그 내용들은 화자가 소개하는 것이 아니라, TV 프로그램에서 소개해줬던 내용들이므로 질문의 내용과 일치하지 않는다.

| 단어 | 牙刷 yáshuā 명 칫솔 | 知识 zhīshi 명 지식 | 皮肤病 pífūbìng 명 피부병 | 治疗法 zhìliáofǎ 명 치료법 | 电视 diànshì 명 TV, 텔레비전 | ★ 节目 jiémù 명 프로그램

2. A 生活　B 工作　C 皮肤　D 学习　A 생활　　B 일　　C 피부　　D 공부

问: 说话人了解了哪方面的知识?　　질문: 화자는 어떤 분야의 지식을 알게 됐는가?

| 해설 | 화자는 이 프로그램에서 생활 속의 작은 지식을 소개한다고 했으므로 답은 A가 된다. 화자가 예를 들어 말한 칫솔 고르는 법, 수건 고르는 법, 피부병에 관한 이야기 등은 모두 생활에 필요한 정보들이므로 프로그램에서 소개하는 것이 일상생활과 관련이 있음을 알 수 있다.

| 단어 | ★ 生活 shēnghuó 명 생활 | ★ 工作 gōngzuò 명 일, 업무 | 皮肤 pífū 명 피부 | 学习 xuéxí 명 학습, 공부

공고문 & 안내문 관련 표현

1 방송 멘트 (TV, 라디오)

1. 各位观众，晚上好！ 시청자 여러분, 안녕하십니까?

2. 现在是新闻节目时间。 지금은 뉴스 방송 시간입니다.

3. 欢迎收看！ 많은 시청 바랍니다!

4. 谢谢收听！ 들어주셔서 감사합니다!

2 교통 안내 방송 (버스, 지하철, 비행기)

1. 五道口站快要到了。 우다오커우역에 곧 도착합니다.

2. 请下车的乘客准备下车！ 내리실 승객은 준비하십시오!

3. 飞机就要起飞了，请您坐好，系好安全带。
비행기가 곧 이륙합니다. 자리에 앉아, 안전벨트를 착용해주세요.

4. 为您提供及时周到的服务。谢谢！
당신을 위해 제때에 꼼꼼한 서비스를 제공해드리겠습니다. 감사합니다!

3 공고문 (구인, 집 매매)

1. 本公司招聘工作人员。 저희 회사는 사원을 모집합니다.

2. 这房子装修很好，三室一厅。 이 집은 방 3개에 거실 하나로, 인테리어가 아주 잘되어 있습니다.

4 편지글

1. 尊重的韩老师！ 존경하는 한 선생님!

2. 亲爱的朋友 사랑하는 친구

3. 好久没见了，我非常想念你。 오랜만이다. 나는 네가 무척 그리워.

4. 祝你身体健康，工作顺利，生活愉快！ 몸 건강하고, 일 잘 풀리고, 즐겁게 생활하길 바란다!

5 환영사

1. 表示热烈欢迎 열성적으로 환영을 표하다

2. 有机会和你们聚在一起，我感到非常高兴。 당신들과 함께 할 기회가 생겨서 저는 매우 기쁩니다.

3. 请大家举杯，为我们的友谊干杯！ 모두들 잔을 들고, 우리의 우정을 위하여 건배합시다!

29 day

CD-59

1. A 主动买票	B 准备下车	C 注意安全	D 禁止抽烟
2. A 船上	B 飞机上	C 出租车上	D 公共汽车上
3. A 星期三	B 星期四	C 星期五	D 星期六
4. A 亚洲	B 地球	C 老虎	D 植物

30 day

CD-60

1. A 导游	B 记者	C 校长	D 领导
2. A 访问	B 开学	C 公司开会	D 毕业典礼
3. A 买房的	B 要租的	C 看房的	D 卖房的
4. A 没有家电	B 交通方便	C 房价不便宜	D 离公司太远

第 一 部 分

第 1-10 题：判断对错。

例如：我想去办个信用卡，今天下午你有时间吗？陪我去一趟银行？

★ 他打算下午去银行。　　　　　　　　　　　　（ ✓ ）

现在我很少看电视，其中一个原因是，广告太多了，不管什么时间，也不管什么节目，只要你打开电视，总能看到那么多的广告，浪费我的时间。

★ 他喜欢看电视广告。　　　　　　　　　　　　（ × ）

1. ★ 他现在是警察。　　　　　　　　　　　　（ 　 ）

2. ★ 幽默的人容易交朋友。　　　　　　　　　（ 　 ）

3. ★ 地铁不会堵车。　　　　　　　　　　　　（ 　 ）

4. ★ 结果比过程更重要。　　　　　　　　　　（ 　 ）

5. ★ 他是售货员。　　　　　　　　　　　　　（ 　 ）

6. ★ 世界杯吸引了很多公司。　　　　　　　　（ 　 ）

7. ★ 孩子要少玩游戏。　　　　　　　　　　　（ 　 ）

8. ★ 马经理不在上海。　　　　　　　　　　　（ 　 ）

9. ★ 司机在楼下。　　　　　　　　　　　　　（ 　 ）

10. ★ 毕业让人又高兴又难过。　　　　　　　　（ 　 ）

第 二 部 分

第 11－25 题：请选出正确答案。

> **例如：** 女：该加油了，去机场的路上有加油站吗？
>
> 男：有，你放心吧。
>
> 问：男的主要是什么意思？
>
> A 去机场　　　B 快到了　　　C 油是满的　　　D 有加油站 ✔

11. A 公园对面　　　B 超市入口　　　C 教室门口　　　D 火车站旁边

12. A 客人　　　B 妻子　　　C 亲戚　　　D 同事

13. A 放弃减肥　　　B 继续运动　　　C 不想吃饭　　　D 很有信心

14. A 饭馆很大　　　B 正在打折　　　C 离得很远　　　D 菜比较便宜

15. A 很难写　　　B 没有信心　　　C 不用担心　　　D 没办法完成

16. A 出生地　　　B 兴趣和爱好　　　C 职业和姓名　　　D 民族和性别

17. A 咖啡　　　B 绿茶　　　C 啤酒　　　D 果汁

18. A 生病了　　　B 上大学了　　　C 找到工作了　　　D 考试通过了

19. A 不好看　　　B 太贵了　　　C 颜色暗　　　D 不合适

20. A 一些解释　　　B 电话号码　　　C 公司信息　　　D 他的意见

21． A 哭了　　　　B 被批评了　　　C 踢足球了　　　D 胳膊擦破了

22． A 没意思　　　B 很有名　　　C 内容太多　　　D 翻译得不好

23． A 开车去　　　B 坐地铁　　　C 坐出租车　　　D 骑自行车

24． A 太热了　　　B 浪漫一点　　　C 可以睡懒觉　　　D 不用去上班

25． A 洗澡　　　　B 洗脸　　　　C 打开窗户　　　D 打扫卫生间

第 三 部 分

第26-45题：请选出正确答案。

例如： 男：把这个文件复印五份，一会儿拿到会议室发给大家。

女：好的。会议是下午三点吗?

男：改了，三点半，推迟了半个小时。

女：好，602会议室没变吧?

男：对，没变。

问：会议几点开始?

A 2:00　　　　B 3:00　　　　C 3:30 ✓　　　　D 6:00

26. A 记者　　　　B 医生　　　　C 演员　　　　D 警察

27. A 结婚了　　　　B 是大学生　　　　C 性格活泼　　　　D 已经工作了

28. A 旅游　　　　B 看弟弟　　　　C 参加会议　　　　D 参加婚礼

29. A 买礼物　　　　B 中国制造　　　　C 外国产品　　　　D 旅行计划

30. A 5月　　　　B 6月　　　　C 9月　　　　D 10月

31. A 很可爱　　　　B 很诚实　　　　C 很勇敢　　　　D 努力认真

32. A 老师　　　　B 丈夫　　　　C 哥哥　　　　D 爸爸

33. A 搬家了　　　　B 关门了　　　　C 不提供牛奶了　　　　D 牛奶质量变差了

34. A 没有车　　　　B 人都走了　　　　C 起床起晚了　　　　D 认为已经晚了

35. A 天黑了　　　　　　　　　　　　B 香蕉不好吃
　　 C 孙子去上课　　　　　　　　　D 作业没写完

36. A 很困难　　　　B 很简单　　　　C 很好奇　　　　D 很有意思

37. A 多练习　　　　　　　　　　　　B 坚持下去
　　 C 经常看书　　　　　　　　　　D 请别人帮忙

38. A 精彩　　　　　B 无聊　　　　　C 轻松　　　　　D 舒适

39. A 关心别人　　　　　　　　　　　B 微笑生活
　　 C 信任自己　　　　　　　　　　D 爱情的作用

40. A 支持　　　　　B 反对　　　　　C 怀疑　　　　　D 表扬

41. A 银行　　　　　B 图书馆　　　　C 动物园　　　　D 大使馆

42. A 读大学　　　　B 读博士　　　　C 当教师　　　　D 当校长

43. A 她很聪明　　　　　　　　　　　B 她不尊重爸爸
　　 C 爸爸妈妈是同事　　　　　　　D 她和爸爸上的是一样的大学

44. A 金钱　　　　　B 流水　　　　　C 衣服　　　　　D 生命

45. A 怎么赚钱　　　　　　　　　　　B 珍惜友情
　　 C 不要乱花钱　　　　　　　　　D 不要浪费时间

新 HSK 한 권이면 끝 4급 듣기 — 정답

제1부분

	1	2	3	4	5
1day	1 √	2 √	3 √	4 √	5 √
2day	1 √	2 √	3 √	4 √	5 √
3day	1 X	2 X	3 X	4 X	5 X
4day	1 X	2 X	3 X	4 X	5 X
5day	1 √	2 √	3 √	4 √	5 √
6day	1 √	2 √	3 √	4 √	5 X
7day	1 X	2 √	3 X	4 X	5 X
8day	1 X	2 X	3 √	4 X	5 X

제2 · 3부분 대화문

	1	2	3	4
9day	1 A	2 A	3 B	4 A
10day	1 A	2 D	3 D	4 C
11day	1 A	2 D	3 C	4 B
12day	1 B	2 A	3 A	4 D
13day	1 B	2 A	3 B	4 C
14day	1 A	2 D	3 A	4 B
15day	1 A	2 B	3 D	4 B
16day	1 C	2 C	3 B	4 B
17day	1 B	2 B	3 C	4 D
18day	1 B	2 B	3 A	4 D
19day	1 C	2 D	3 D	4 B
20day	1 C	2 B	3 B	4 A
21day	1 A	2 D	3 B	4 B
22day	1 C	2 D	3 A	4 A

제3부분 긴 지문

	1	2	3	4
23day	1 A	2 A	3 D	4 D
24day	1 B	2 C	3 A	4 C
25day	1 B	2 D	3 C	4 D
26day	1 C	2 B	3 C	4 A
27day	1 C	2 D	3 B	4 C
28day	1 A	2 C	3 D	4 B
29day	1 B	2 D	3 C	4 C
30day	1 C	2 D	3 D	4 B

실전 모의고사

제1부분

1 X	2 √	3 √	4 X	5 X	6 √
7 X	8 X	9 √	10 √		

제2부분

11 B	12 A	13 A	14 D	15 C	16 D
17 B	18 A	19 D	20 D	21 D	22 C
23 B	24 A	25 C			

제3부분

26 C	27 C	28 C	29 B	30 C	31 B
32 A	33 C	34 D	35 D	36 A	37 B
38 A	39 D	40 B	41 C	42 B	43 D
44 D	45 D				

1 day　p.22

01

★ 电脑专业好找工作。

选择好的专业很重要，甚至影响人的一生。我运气不错，选择了电脑专业，刚毕业就找到了好工作。

★ 컴퓨터 전공은 직장을 구하기에 좋다. (✓)

좋은 전공을 선택하는 것은 매우 중요하며, 심지어 한 사람의 일생에 영향을 미치기도 한다. 나는 운 좋게도, 컴퓨터 전공을 선택했는데, 졸업하자마자 곧바로 좋은 직업을 구하게 되었다.

> **시크릿** 컴퓨터가 직장을 구하기에 좋은 전공인지 아닌지에 집중!

해설 '나'는 컴퓨터를 전공으로 선택했다고 말했고, 마지막 부분에서 졸업하자마자 바로 좋은 직업을 구했다고 했으므로, 컴퓨터가 좋은 직장을 구할 수 있는 전공 분야라는 것을 알 수 있다.

단어 专业 zhuānyè 명 전공 | ★ 选择 xuǎnzé 통 고르다, 선택하다 | ★ 重要 zhòngyào 형 중요하다 | 甚至 shènzhì 접 심지어, ~까지도, ~조차도 | ★ 影响 yǐngxiǎng 통 영향을 끼치다 | 运气 yùnqi 명 운, 운수

02

★ 春天容易感冒。

春天天气一会儿冷一会儿热容易感冒，医生提醒大家要注意室内空气质量，清晨起床后要注意开窗换气，如果感冒了要及时去医院。

★ 봄에는 감기에 걸리기 쉽다. (✓)

봄철 날씨는 추웠다가 더웠다가 해서 감기에 걸리기 쉽다. 의사는 사람들에게 실내 공기의 질에 주의해야 하고, 아침에 일어난 후에는 창문을 열어 환기시켜야 하며, 감기에 걸렸다면 즉시 병원에 가야 한다고 당부한다.

> **시크릿** 봄에 감기에 걸리기 쉬운지 여부에 집중!

해설 봄 날씨는 추웠다 더웠다 해서 감기에 걸리기 쉽다고 했으므로, 주어진 문장은 옳은 문장이 된다. 이 문제는 앞부분만 잘 들었어도 쉽게 맞출 수 있는 문제이므로, 녹음의 시작부터 집중해야 한다.

단어 ★ 容易 róngyì 형 ~하기 쉽다 | 感冒 gǎnmào 통 감기에 걸리다 | 冷 lěng 형 춥다 | 热 rè 형 덥다 | 提醒 tíxǐng 통 경고하다, 조심시키다 | ★ 注意 zhùyì 통 주의하다, 조심하다 | 清晨 qīngchén 명 이른 아침 | 窗 chuāng 명 창문 | 换气 huànqì 통 환기하다 | 及时 jíshí 부 즉시, 곧바로

03

★ 他下周回来。

王记者，我刚刚收到通知，明天要出差，估计没时间和您见面了，很抱歉，等我回来以后再跟您联系，我下周一回来。

★ 그는 다음 주에 돌아온다. (✓)

왕 기자님, 제가 방금 내일 출장을 가야 한다는 통지를 받아서, 왕 기자님을 뵐 시간이 없을 것 같습니다. 정말 죄송합니다. 제가 돌아온 후에 다시 연락 드리겠습니다. 저는 다음 주 월요일에 돌아옵니다.

> **시크릿** 화자가 언제 돌아오는지에 집중!

해설 마지막에 다음 주 월요일에 돌아온다고 말했으므로, 그는 다음 주에 돌아온다는 것을 알 수 있다.

단어 记者 jìzhě 명 기자 | 通知 tōngzhī 명 통지 | 估计 gūjì 통 짐작하다, 예측하다 | ★ 抱歉 bàoqiàn 통 죄송합니다 | 联系 liánxì 통 연락하다

04

★ 比赛以前别想太多。

比赛以前不要考虑太多，否则你压力太大。很多运动员都是在大赛前紧张，吃不好，也睡不好，到比赛的时候肯定失败。

★ 경기 전에는 너무 많은 것을 생각하지 마라. (✓)

경기 전에는 너무 많은 것을 생각해서는 안 된다. 그렇지 않으면 스트레스가 너무 커진다. 많은 운동선수들이 큰 경기 전에 긴장해서, 제대로 먹지 못하고 잠도 자지 못해서, 경기 때 틀림없이 실패한다.

시크릿 경기 전에 선수들이 어떠한지에 집중!

해설 녹음 첫 번째 문장의 不要와 考虑가 문제에서는 각각 别와 想으로 표현된 것을 알 수 있다. 동의어를 사전에 잘 익혀두는 것이 좋다.

단어 比赛 bǐsài 몡 경기, 시합 | ★ 考虑 kǎolǜ 동 생각하다, 고려하다 | 否则 fǒuzé 젭 그렇지 않으면 | 压力 yālì 몡 스트레스 | 运动员 yùndòngyuán 몡 운동선수 | ★ 紧张 jǐnzhāng 혱 긴장하다, 불안하다 | ★ 肯定 kěndìng 뮈 확실히, 틀림없이 | 失败 shībài 동 실패하다, 패배하다

05

★ 太阳对大自然的影响很大。

太阳对我们的影响实在是太大了，它每天为地球提供阳光和热量，保证动植物的正常生长，这种情况至少在将来的四十亿年不会发生改变。

★ 태양이 대자연에 미치는 영향은 매우 크다. (✓)

태양이 우리에게 미치는 영향은 정말 크다. 태양은 매일 지구에 햇빛과 열량을 공급하고, 동식물이 정상적으로 성장할 수 있도록 한다. 이러한 상황은 최소한 앞으로 40억 년 안에는 변하지 않을 것이다.

시크릿 태양이 자연에 미치는 영향이 어떠한가에 집중!

해설 처음 부분에서 태양이 우리에게 미치는 영향은 정말 크다고 했으므로, 주어진 문장은 옳은 문장이 된다. 녹음에서 언급한 우리(我们)는 동식물을 포함한 대자연(大自然)을 가리킨다.

단어 太阳 tàiyáng 몡 태양 | 大自然 dàzìrán 몡 대자연 | ★ 影响 yǐngxiǎng 몡 영향 | ★ 实在 shízài 뮈 사실상, 정말 | 地球 dìqiú 몡 지구 | 提供 tígōng 동 제공하다 | 阳光 yángguāng 몡 햇빛 | 热量 rèliàng 몡 열량 | ★ 保证 bǎozhèng 동 보증하다 | 动物 dòngwù 몡 동물 | 植物 zhíwù 몡 식물 | ★ 情况 qíngkuàng 몡 상황 | 至少 zhìshǎo 뮈 적어도, 최소한 | 改变 gǎibiàn 동 변하다, 바뀌다

2 day　p.22

01

★ 他爱打篮球。

身高还不到一米六三，他是世界上最著名的矮个子篮球运动员。他曾经说过篮球不只是让那些大个子打的，也是让那些喜欢它的人们打的。

★ 그는 농구하기를 좋아한다. (✓)

키가 163cm도 채 되지 않지만, 그는 세계에서 가장 유명한 키 작은 농구선수다. 그는 일찍이 농구는 단지 키가 큰 사람만 하는 운동이 아니라, 농구를 좋아하는 사람이 하는 운동이라고 말한 적이 있다.

시크릿 그가 농구를 좋아하는지 여부에 집중!

해설 그는 키가 163cm가 안 된다고 말했으므로, 그의 키가 커서 농구를 하는 것이 아니라는 것을 알 수 있다. 또 그는 농구를 좋아하는 사람들이 농구를 하는 것이라고 했으므로, 그가 농구를 좋아하기 때문에 농구선수가 되었다는 것을 알 수 있다. 녹음에서는 喜欢(좋아한다)이라고 말한 것이 문제에서는 爱로 제시되었다.

단어 打篮球 dǎ lánqiú 농구를 하다 | 身高 shēngāo 몡 키 | ★ 著名 zhùmíng 혱 유명하다 | 矮 ǎi 혱 (키가) 작다 | 运动员 yùndòngyuán 몡 운동선수 | ★ 曾经 céngjīng 뮈 일찍이, 이미

02

S1
S2

★ 教狗学习<u>需要</u>耐心。

狗是非常聪明的动物，但想让它完成一些任务只教一次是不行的。它并不能马上就记住，要<u>耐心</u>地一遍一遍地教它，只有熟悉了命令，它才能做到。

★ 개를 학습시키는 데는 <u>인내심이 필요하다.</u> (✓)

개는 매우 똑똑한 동물이지만, 개에게 어떤 임무를 완성하게 하려면 한 번만 가르쳐서는 안 된다. 개는 곧바로 기억할 수가 없어서, 반드시 <u>인내심을 가지고 몇 번이고 계속 가르쳐서,</u> 개가 그 명령에 익숙해져야만 임무를 완성할 수 있다.

> **시크릿** 개를 학습시키는 데 필요한 것이 무엇인지에 집중!

해설 개를 학습시킬 때는 인내심을 가지고 여러 번 가르쳐야만 개가 명령을 알아들을 수 있다고 했으므로, 주어진 문장은 옳은 문장이 된다.

단어 ★ 需要 xūyào 图 필요하다, 요구되다 | 耐心 nàixīn 图 인내심 | ★ 聪明 cōngming 图 똑똑하다, 총명하다 | 动物 dòngwù 图 동물 | 完成 wánchéng 图 완수하다, 완성하다 | 任务 rènwu 图 임무 | ★ 马上 mǎshàng 图 바로, 금방 | 记 jì 图 기억하다 | ★ 熟悉 shúxī 图 분명하게 이해하다 | 命令 mìnglìng 图 명령

03

S1
S3

★ 填完表后拿钥匙。

你先填一张表，写清姓名、年龄、性别、护照号码、入住时间等。然后，服务员会给你房间钥匙，并帮你把行李箱送到房间。

★ 표를 다 작성한 후에 열쇠를 가져간다. (✓)

<u>우선</u> 표를 작성해주십시오. 이름, 나이, 성별, 여권 번호, 입주 시간 등을 기재하시고 나면, 직원이 방 열쇠를 드리고 귀하의 짐을 방까지 옮겨 드릴 것입니다.

> **시크릿** 열쇠를 가져가기 전에 무엇을 해야 하는지에 집중!

해설 먼저 표에 인적사항을 적어야 열쇠를 주고 짐도 옮겨준다고 했으므로, 주어진 문장은 옳은 내용이 된다.

단어 填 tián 图 기입하다 | 钥匙 yàoshi 图 열쇠 | 年龄 niánlíng 图 연령 | ★ 护照 hùzhào 图 여권 | ★ 然后 ránhòu 图 그 다음에 | 服务员 fúwùyuán 图 종업원, 안내원 | 行李箱 xínglǐxiāng 图 트렁크, 여행용 가방

04

S1
S3

★ 不要直接拒绝别人的邀请。

舞会上最好不要直接拒绝别人的邀请，如果非得拒绝不可，可以告诉他我不太舒服想休息一下，而且也不要马上就接受其他人的邀请。

★ 다른 사람의 요청을 <u>직접적으로 거절해서는 안 된다.</u> (✓)

무도회에서는 다른 사람의 춤 신청을 직접적으로 거절하지 않는 것이 좋다. 만일 꼭 거절해야만 한다면, 상대방에게 몸이 불편하니 잠시 쉬어야겠다고 말하는 것이 좋으며, 곧바로 다른 사람의 춤 신청을 받아들여서도 안 된다.

> **시크릿** 요청을 직접적으로 거절해도 되는지 여부에 집중!

해설 녹음 초반에 무도회에서는 다른 사람의 요청을 직접적으로 거절하지 않는 것이 좋다고 말했으므로, 주어진 문장은 옳은 내용이다. 듣기에서는 앞부분에 답에 대한 힌트가 나올 수 있으므로, 녹음의 처음부터 집중해서 들어야 한다.

단어 直接 zhíjiē 图 직접적이다 | ★ 拒绝 jùjué 图 거절하다 | ★ 邀请 yāoqǐng 图 초대하다 | 舞会 wǔhuì 图 무도회 | 告诉 gàosu 图 말하다, 알리다 | 休息 xiūxi 图 휴식을 취하다, 쉬다 | 接受 jiēshòu 图 받아들이다, 수락하다

05

☒4

★ 他批评明明不认真听讲。

明明，老师给你讲题，你怎么不认真听呢？对老师多不礼貌！快回去坐好听讲！

★ 그는 밍밍이 열심히 수업을 듣지 않는다고 꾸짖는다. (✓)

밍밍, 선생님께서 문제를 설명하시는데, 왜 열심히 듣지 않는 거니? 선생님께 정말 무례하구나! 빨리 자리로 돌아가 앉아서 듣도록 해!

시크릿 화자가 밍밍을 꾸짖은 이유에 집중!

해설 선생님께서 문제를 설명하시는데 열심히 듣지 않는다고 했으므로, 주어진 문장은 옳은 내용이라는 것을 알 수 있다. 또한 화자의 어투를 들어보면 화자가 밍밍에게 화를 내고 있다는 것을 알 수 있다. 듣기에서는 화자의 어투를 듣고 현재 화자의 기분이 어떠한가를 추측할 수 있다.

단어 ★ 批评 pīpíng 图 꾸짖다, 나무라다 | 认真 rènzhēn 图 착실하다, 진지하다 | 听讲 tīngjiǎng 图 수업을 듣다 | 讲 jiǎng 图 설명하다, 말하다 | ★ 礼貌 lǐmào 图 예의 바르다

---

3 day p. 26

01

☒2
☒3

★ 他没带护照。

到机场后，他才发现忘记带信用卡，他乘坐的航班再过半个小时就要起飞了，他无奈地改签了下一趟航班。

★ 그는 여권을 안 가져왔다. (✗)

공항에 도착한 후에야, 그는 신용카드를 깜빡 잊고 가져오지 않은 것을 알았다. 그가 탑승하는 항공편은 30분이 지나면 곧 이륙해야 해서, 그는 어쩔 수 없이 다음 항공편으로 변경했다.

시크릿 그가 안 가져온 물건이 무엇인지에 집중!

해설 그가 두고 온 것은 여권이 아니라 신용카드이므로, 주어진 문장은 녹음의 내용과 다르다.

단어 ★ 护照 hùzhào 图 여권 | 机场 jīchǎng 图 공항 | 发现 fāxiàn 图 발견하다, 알아차리다 | 信用卡 xìnyòngkǎ 图 신용카드 | 乘坐 chéngzuò 图 (자동차·비행기 등을) 타다 | 航班 hángbān 图 운항편 | 起飞 qǐfēi 图 이륙하다 | ★ 无奈 wúnài 图 부득이하다, 방법이 없다 | 改 gǎi 图 바꾸다, 변경하다 | 签 qiān 图 서명하다

02

☒2
☒3

★ 他想参加网球比赛。

你开什么玩笑啊！我都没学过游泳，怎么可能参加比赛呢？你去问问小王吧，他每个周末都去游泳。

★ 그는 테니스 대회에 참가하고 싶어한다. (✗)

무슨 말도 안 되는 소리를 하는 거야! 나는 수영을 배운 적도 없는데 어떻게 시합에 참가할 수가 있겠어? 샤오왕에게 한 번 물어봐. 샤오왕은 주말마다 수영하러 가니까.

시크릿 화자가 무슨 대회에 대해 이야기하는지에 집중!

해설 녹음에서 화자가 이야기하는 것은 수영 대회이므로, 주어진 문장의 내용과 일치하지 않는다. 만약 문장에 수영 대회라고 나왔더라도 그는 수영을 배워본 적이 없다고 했으므로, 그는 대회에 참가하고 싶어하지 않는다는 것을 알 수 있다.

단어 ★ 参加 cānjiā 图 참가하다, 참여하다 | 网球 wǎngqiú 图 테니스 | 比赛 bǐsài 图 경기 | 开玩笑 kāi wánxiào 图 농담하다 | 游泳 yóuyǒng 图 수영하다 | 周末 zhōumò 图 주말

03 ★ 海洋里的植物很少。

S1
S3

就像森林一样，海洋里也生长着很多种植物。
它们与海洋里的动物一起，组成了一个神奇的
海底世界。

★ 바닷속의 식물은 매우 적다. (X)

숲과 마찬가지로 바닷속에도 많은 종류의 식물들이 자라
고 있다. 그들은 바닷속의 동물들과 함께 신기한 해저세
계를 이룬다.

시크릿 식물의 수가 어떠한가에 집중!

해설 바닷속에는 숲과 같이 많은 종류의 식물들이 살고 있다고 했으므로, 주어진 문장에서 식물이 적다고 한 것은 틀
린 문장이 된다.

단어 海洋 hǎiyáng 몡 바다 | 植物 zhíwù 몡 식물 | 森林 sēnlín 몡 숲, 산림 | 动物 dòngwù 몡 동물 | ★ 组成 zǔchéng
통 구성하다 | 神奇 shénqí 혱 신기하다 | 海底 hǎidǐ 몡 해저

04 ★ 他刚下飞机。

S1
S3

喂！是你啊！我今天去上海出差，我现在在机
场，等我到了以后再打电话给你，行吗？飞机
马上就要起飞了。

★ 그는 방금 비행기에서 내렸다. (X)

여보세요! 너구나! 나 오늘 상하이로 출장 가. 지금 공항
이니까 내가 도착한 후에 다시 전화할게, 괜찮지? 비행기
가 이제 곧 이륙할거야.

시크릿 화자가 비행기에서 내렸는지 여부에 집중!

해설 녹음에서 비행기가 곧 이륙할 것이라고 말했으므로, 그는 비행기에서 내린 것이 아니라 이미 타 있거나, 이제 곧
탈 것임을 알 수 있다. 따라서 주어진 문장은 틀린 문장이 된다.

단어 出差 chūchāi 통 출장 가다 | 机场 jīchǎng 몡 공항 | ★ 马上 mǎshàng 뷔 곧, 바로 | 起飞 qǐfēi 통 이륙하다

05 ★ 面试时必须准时到。

S2
S3

参加面试时，服装要正式一些，不能太随意，
穿戴整齐表示你对面试官的尊重，这样他们也
会对你有一个好印象。

★ 면접을 볼 때는 꼭 제시간에 도착해야 한다. (X)

면접을 보러 갈 때에 옷은 격식을 차려서 입어야 하며,
너무 마음대로 입어서는 안 된다. 복장을 단정히 하는 것
은 면접관에 대한 존중을 나타내며, 이렇게 하면 그들도
당신에 대해서 좋은 인상을 갖게 될 수 있다.

시크릿 면접을 볼 때 주의해야 할 내용에 집중!

해설 녹음에서는 면접을 볼 때 복장에 주의해야 한다는 이야기를 했을 뿐, 시간에 관한 내용은 언급하지 않았으므로,
주어진 문장은 녹음 내용과는 무관한 문장이다.

단어 面试 miànshì 통 면접시험 보다 | ★ 必须 bìxū 뷔 반드시 | ★ 准时 zhǔnshí 뷔 제때에 | ★ 参加 cānjiā 통 참가하다
| 服装 fúzhuāng 몡 복장, 의상 | 正式 zhèngshì 혱 정식의, 공식의 | 随意 suíyì 통 원하는 대로 하다, 뜻대로 하다 | 穿
戴 chuāndài 몡 옷차림, 차림새 | 整齐 zhěngqí 혱 단정하다, 깔끔하다 | 表示 biǎoshì 통 나타내다, 표시하다 | ★ 尊重
zūnzhòng 통 존중하다 | 印象 yìnxiàng 몡 인상

01

S2 S3

★ 他们要坐地铁。

姐，咱们的方向错了，<u>去西边的公共汽车应该在对面坐</u>，那边不远有天桥，我们从那儿过马路吧。

★ 그들은 <u>지하철을 타려고 한다.</u> (X)

누나, 우리 방향이 틀렸어. <u>서쪽으로 가는 버스는 건너편에서 타야해.</u> 저쪽 멀지 않은 곳에 육교가 있으니까, 우리 거기서 길 건너자.

시크릿 그들이 무엇을 타려고 하는지에 집중!

해설 화자는 건너편에서 서쪽으로 가는 버스를 타야한다고 말하고 있으므로, 그들은 지하철(地铁)이 아니라 버스(公共汽车)를 타고 갈 것이라는 것을 알 수 있다.

단어 地铁 dìtiě 몡 지하철 | 方向 fāngxiàng 몡 방향 | 公共汽车 gōnggòng qìchē 몡 버스 | 对面 duìmiàn 몡 맞은편, 건너편 | 远 yuǎn 톙 멀다 | 天桥 tiānqiáo 몡 육교 | 过 guò 됭 건너다 | 马路 mǎlù 몡 대로, 도로

02

S2 S3

★ 很多人仍然爱看报纸。

越来越多的人选择<u>在网上看新闻</u>，他们认为这样很方便，网站的报道更快速，内容也更详细和丰富。

★ <u>많은 사람이 여전히 <u>신문 보기를</u> 좋아한다.</u> (X)

점점 더 많은 사람이 <u>인터넷에서 뉴스 보는 것을</u> 선택한다. 그들은 이렇게 하는 것이 편리하며, 웹 사이트의 보도가 더 빠르고, 내용도 더 자세하고 풍부하다고 생각한다.

시크릿 사람들이 신문을 즐겨 보는지에 집중!

해설 점점 많은 사람이 인터넷으로 뉴스를 본다고 했으므로, 여전히 많은 사람이 종이 신문을 즐겨 보는 것은 아님을 알 수 있다. 新闻(뉴스)이라는 말만 듣고 '신문'이라고 착각할 수도 있지만, 앞에서 온라인 상으로 본다고 했으므로 报纸(신문)와는 다른 내용이라는 것을 알 수 있다.

단어 ★ 仍然 réngrán 틘 여전히, 아직도 | 报纸 bàozhǐ 몡 신문 | ★ 选择 xuǎnzé 됭 선택하다 | 新闻 xīnwén 몡 뉴스 | 方便 fāngbiàn 톙 편리하다 | 网站 wǎngzhàn 몡 (인터넷) 웹 사이트 | 报道 bàodào 몡 (뉴스 등의) 보도 | 快速 kuàisù 톙 빠르다, 신속하다 | ★ 详细 xiángxì 톙 상세하다, 자세하다 | ★ 丰富 fēngfù 톙 풍부하다

03

S3

★ 新房子是她用工资买的。

她从银行借了很多钱，买了这个新房子。虽然钱数不少，但她能还得起。

★ 새집은 그녀가 <u>월급으로 사들인 것이다.</u> (X)

그녀는 은행에서 <u>많은 돈을 대출받아 이 새집을 샀다.</u> 비록 적지 않은 돈이지만 그녀는 갚을 수 있다.

시크릿 그녀가 새집을 어떻게 샀는지에 집중!

해설 그녀는 은행에서 돈을 빌려서 집을 샀다고 했으므로, 주어진 문장은 녹음 내용과 일치하지 않는다는 것을 알 수 있다.

단어 房子 fángzi 몡 집 | 工资 gōngzī 몡 월급 | 银行 yínháng 몡 은행 | 借 jiè 됭 빌리다 | 虽然 suīrán 젭 비록 ~하지만 | 钱数 qiánshù 몡 액수, 금액 | 能 néng 조동 ~할 수 있다 | 还 huán 됭 갚다

04

S3

★ 他们聊天儿忘了下车了。

车上人很多，我们只好站着，售票员说的话，我们也听不懂，到站了，我们也不知道，就这样坐过了三站。

★ 그들은 수다 떠느라 차에서 내리는 것을 잊었다. (X)

차에 사람이 많아서 우리는 서 있어야만 했다. 매표원이 하는 말도 알아듣지 못해서, 정거장에 도착했는 줄도 몰랐고, 그냥 그렇게 세 정거장을 지나쳤다.

시크릿 그들이 차에서 내리지 못한 이유에 집중!

해설 매표원의 안내를 알아듣지 못해서 정거장을 지나쳤다고 했으므로, 주어진 문장과 녹음의 내용이 일치하지 않는다. 녹음에서 售票员说的话(매표원이 하는 말)라는 말을 듣고 그들이 이야기하고 있었다고 착각해서는 안 된다.

단어 聊天儿 liáotiānr 图 한담하다, 잡담하다 | ★ 只好 zhǐhǎo 图 어쩔 수 없이, ~할 수밖에 없다 | 站 zhàn 图 서다 圆 정거장 | 售票员 shòupiàoyuán 圆 매표원

05

S2

★ 妻子希望丈夫陪她逛街。

大部分的妻子都希望自己的老公能记住他们结婚的日子，并且能在每年的这一天收到丈夫送的礼物。

★ 아내는 남편이 자신과 함께 쇼핑하기를 바란다. (X)

대부분의 아내는 모두 자신의 남편이 그들의 결혼기념일을 기억하고, 매년 그날에 남편이 주는 선물을 받고 싶어 한다.

시크릿 아내들이 바라는 것이 무엇인지에 집중!

해설 대부분의 아내는 남편이 결혼기념일을 기억하고 선물을 해주길 바란다고 했으므로, 주어진 문장은 녹음의 내용과 일치하지 않는다는 것을 알 수 있다. 녹음에서 老公(남편)이 문제에서는 丈夫로 바뀌어 나왔다. 듣기에서는 녹음에 나온 것과 같은 뜻의 다른 단어가 문장에 제시될 수 있으므로, 동의어를 많이 알아두면 문제 풀이에 도움이 된다.

단어 妻子 qīzi 圆 아내 | 丈夫 zhàngfu 圆 남편 | ★ 陪 péi 图 동반하다, 모시다 | 逛街 guàngjiē 图 쇼핑하다 | 老公 lǎogōng 圆 신랑, 남편 | 记住 jìzhu 图 기억해두다 | 礼物 lǐwù 圆 선물

---

5 day p.30

01

S2
S3

★ 表格填写错了。

不好意思这张表格您填得不对，请稍等一下，我再拿一张新的给您，请您再填写一下。

★ 표를 잘못 기재했다. (✓)

죄송하지만 이 표를 잘못 쓰셨어요. 잠시만 기다리시면 새로 한 장 더 가져다 드릴게요. 다시 한 번 작성해주세요.

시크릿 표에 기재한 것이 맞았는지 여부에 집중!

해설 녹음에서 언급한 对(맞다)는 주어진 문장의 错(틀리다)와 반대되는 의미지만, 앞에 부정부사 不가 나와 不对(맞지 않다 = 틀리다)로 쓰였기 때문에 错와 같은 의미가 된다. 따라서 주어진 문장은 옳은 내용이라는 것을 알 수 있다.

단어 表格 biǎogé 圆 표, 양식 | 填写 tiánxiě 图 써 넣다, 기입하다 | 稍 shāo 图 조금, 잠시 | 等 děng 图 기다리다 | 拿 ná 图 가지다

02

★ 小刘受到了表扬。

小刘已经提早完成了整年任务，我希望大家都能向小刘学习，加油！好，现在让我们一起鼓掌祝贺小刘。

★ 샤오류는 칭찬을 받았다. (√)

샤오류는 이미 한 해의 임무를 앞당겨서 마쳤어요. 저는 모두가 샤오류를 본받아 열심히 하길 바래요! 좋아요, 우리 함께 박수로 샤오류를 축하해줍시다.

시크릿 샤오류가 칭찬을 받았는지 여부에 집중!

해설 마지막 부분에 나온 鼓掌祝贺(박수로 축하하다)라는 말을 들었다면, 지금 샤오류가 임무를 앞당겨 마친 것을 칭찬하는 자리라는 것을 알 수 있다. 따라서 주어진 문장은 옳은 내용이 된다.

단어 ★ 表扬 biǎoyáng 동 칭찬하다 | 完成 wánchéng 동 완수하다, 끝내다 | 整年 zhěngnián 명 한 해, 일 년 | ★ 任务 rènwu 명 임무 | ★ 鼓掌 gǔzhǎng 동 손뼉을 치다, 박수를 보내다 | 祝贺 zhùhè 동 축하하다

03

★ 很多学生希望出国留学。

被调查的学生中，有超过80%的人希望自己能有机会出国留学，但只有大概20%的人申请了国外的学校。

★ 많은 학생이 외국으로 유학 가고 싶어한다. (√)

조사에 응한 학생 중에서 80% 이상의 학생들이 외국으로 유학 갈 기회가 생기길 희망했다. 하지만 약 20%의 학생들만이 외국 학교에 신청했다.

시크릿 학생들이 유학을 가고 싶어 하는지 여부에 집중!

해설 80%가 넘는 학생들이 외국으로 유학갈 기회를 얻고 싶어한다고 했으므로, 대다수 학생들이 외국으로 유학을 가고 싶어한다는 것을 알 수 있다.

단어 留学 liúxué 동 유학하다 | ★ 调查 diàochá 동 조사하다 | ★ 超过 chāoguò 동 초과하다, 넘다 | ★ 大概 dàgài 부 대개, 대략 | 申请 shēnqǐng 동 신청하다

04

★ 多出汗对身体好。

出汗会影响人的体温，运动后的人一般会觉得热，但适量的排汗可以帮助降低体温，相反在寒冷的环境下，少出汗可以留住体内的热量。

★ 땀이 많이 나면 몸에 좋다. (X)

땀을 흘리는 것은 사람의 체온에 영향을 미칠 수 있다. 운동하고 난 후에 사람들은 보통 덥다고 느끼는데, 적당히 땀을 흘리면 체온을 낮추는 데 도움이 된다. 반면 추운 환경에서는 땀을 적게 흘려야 체내의 열량을 유지시킬 수 있다.

시크릿 땀이 신체에 미치는 영향에 집중!

해설 녹음에서는 땀이 몸의 체온을 낮춰준다고 이야기한 것이지, 땀이 많이 나면 몸에 좋다고 한 것이 아니므로 주어진 문장은 녹음의 내용과 다른 문장이 된다.

단어 出汗 chūhàn 동 땀이 나다 | ★ 影响 yǐngxiǎng 동 영향을 끼치다 | 体温 tǐwēn 명 체온 | 适量 shìliàng 형 적당량이다 | 排 pái 동 내보내다, 배출하다 | ★ 帮助 bāngzhù 동 돕다 | 降低 jiàngdī 동 내리다, 낮추다 | 相反 xiāngfǎn 접 반대로, 오히려 | 寒冷 hánlěng 형 춥다 | 热量 rèliàng 명 열량

05

S2
S4

★ 阳光的作用很大。

我喜欢阳光，因为阳光就是<u>万物的生命</u>；因为有了阳光，花园里的<u>小草才更绿</u>；因为有了阳光，天空下的<u>大海才更蓝</u>。

★ 햇빛의 역할은 매우 크다. (✓)

나는 햇빛을 좋아한다. 왜냐하면 <u>햇빛은 만물의 생명이기</u> 때문이다. 햇빛이 있기 때문에 정원의 풀들이 더욱 푸르고, 햇빛이 있기 때문에 하늘 아래 <u>바다가 더욱 푸른 것</u>이다.

시크릿 햇빛이 어떤 역할을 하는가에 집중!

해설 햇빛은 만물의 생명이며, 풀들을 푸르게 하고 바다를 더 파랗게 해준다고 했으므로, 햇빛의 역할이 매우 크다는 것을 알 수 있다. 간접 화법 문제에서는 전체의 내용을 이해해야 문제를 풀 수 있으므로 처음부터 끝까지 잘 듣고 전체 내용을 생각해야 한다.

단어 阳光 yángguāng 명 햇빛 | 万物 wànwù 명 만물 | 花园 huāyuán 명 화원, 정원 | 绿 lǜ 형 푸르다 | 天空 tiānkōng 명 하늘 | 蓝 lán 형 남색이다, 파랗다

---

6 day p.30

01

S1
S4

★ 第一印象<u>不容易忘记</u>。

第一印象，是指在初次见面时给别人留下的印象。第一印象一般都是最深的，而且很难改<u>变</u>。

★ 첫인상은 쉽게 잊혀지지 않는다. (✓)

첫인상은 처음 만났을 때 다른 사람에게 남기는 인상을 가리킨다. 첫인상은 일반적으로 제일 깊게 기억되며, 바꾸기가 매우 어렵다.

시크릿 첫인상이 오래 기억되는지에 집중!

해설 첫인상은 일반적으로 깊은 인상을 남겨서 바꾸기가 매우 어렵다고 했으므로, 첫인상은 쉽게 잊혀지지 않는다는 것을 알 수 있다. 녹음에서는 很难(매우 어렵다)으로 나온 것이 제시된 문장에서는 不容易(쉽지 않다)로 바뀌어 나왔다.

단어 印象 yìnxiàng 명 인상 | ★ 忘记 wàngjì 동 잊어버리다 | 指 zhǐ 동 가리키다 | 深 shēn 형 깊다 | 改变 gǎibiàn 동 변하다, 바뀌다

02

S1
S3

★ 年轻人应该相信自己。

年轻本身就是健康和美丽的，不要过分在意胖瘦，也不要太关心自己是不是长得漂亮，是不是帅，年轻人最重要的是要<u>对自己有信心</u>。

★ 젊은이들은 자기 자신을 믿어야만 한다. (✓)

젊음은 그 자체로 건강하고 아름다운 것이다. 뚱뚱하거나 마른 것에 지나치게 신경 쓸 필요가 없고, 자신이 예쁜지, 잘생겼는지에 너무 관심을 둘 필요가 없다. 젊은 사람들에게 가장 중요한 것은 <u>자기 자신에 대한 믿음을 가지는 것</u>이다.

시크릿 젊은 사람들에게 있어서 가장 중요한 것이 무엇인지에 집중!

해설 마지막에 젊은 사람들에게 가장 중요한 것은 자기 자신에 대한 믿음이라고 말했으므로, 주어진 문장은 옳은 내용이 된다. 녹음에서의 要(~해야 한다)는 제시된 문장에서 应该(마땅히 ~해야 한다)로 바뀌어 나왔고, 녹음에서 信心(믿음)이라고 얘기한 것은 문장에서 相信(믿다)으로 바뀌어서 나왔다.

단어 相信 xiāngxìn 동 믿다, 신뢰하다 | ★ 健康 jiànkāng 형 건강하다 | ★ 美丽 měilì 형 아름답다 | 过分 guòfèn 동 지나치다 | 在意 zàiyì 동 마음에 두다 | 胖瘦 pàngshòu 명 뚱뚱하고 마름, 살찐 정도 | ★ 漂亮 piàoliang 형 예쁘다 | 帅 shuài 형 잘생기다 | 信心 xìnxīn 명 믿음, 자신감

03

S4

★ 公司今年经济情况<u>更好了</u>。

在科学、严格的管理下，公司今年的收入比去年<u>增加了两倍</u>。

★ 회사의 올해 경제 상황은 더 나아졌다. (✓)

과학적이고 엄격한 관리하에, 회사의 올해 수입은 작년보다 <u>2배 증가했다</u>.

시크릿 회사의 경제 상황이 어떠한가에 집중!

해설 올해 회사의 수입은 작년보다 두 배 늘었다고 했으므로, 회사의 경제 상황은 더 나아졌다는 것을 알 수 있다. 이처럼 간접 화법 문제는 직접적인 단어로 제시되지 않기 때문에 전체적인 내용을 이해하고 문제를 풀어야 한다.

단어 ★ 经济 jīngjì 몡 경제 | ★ 情况 qíngkuàng 몡 상황, 사정 | ★ 严格 yángé 톙 엄격하다 | 管理 guǎnlǐ 동 관리하다 | 收入 shōurù 몡 수입, 소득 | ★ 增加 zēngjiā 동 증가하다, 늘리다

04

S2
S4

★ 他想给<u>小王</u>这张<u>演出</u>票。

小王，我今晚要加班，看不了演出了，听说这次演出邀请了很多名演员，很精彩，<u>票要是浪费了就可惜了</u>，你去看吧。

★ 그는 샤오왕에게 이 공연표를 주고 싶어한다. (✓)

샤오왕, 나 오늘 저녁에 야근해야 해서, 공연을 못 보게 됐어. 이번 공연은 유명한 배우들을 많이 초청해서 내용도 훌륭하다던데 표를 낭비하면 너무 아깝잖아. 네가 가서 봐.

시크릿 화자가 샤오왕에게 주려는 것이 무엇인지에 집중!

해설 그는 오늘 야근을 해서 공연을 보러 갈 수 없기 때문에, 표가 너무 아까우니 샤오왕에게 대신 가서 보라고 말하고 있다. 따라서 그는 샤오왕에게 공연표를 주려고 한다는 것을 알 수 있다.

단어 给 gěi 동 ~에게 ~을 주다 | 演出 yǎnchū 몡 공연 | 票 piào 몡 표, 티켓 | ★ 加班 jiābān 동 야근하다, 특근하다 | ★ 邀请 yāoqǐng 동 초청하다, 초대하다 | 演员 yǎnyuán 몡 배우, 연기자 | ★ 精彩 jīngcǎi 톙 훌륭하다, 뛰어나다 | 浪费 làngfèi 동 낭비하다 | ★ 可惜 kěxī 톙 아깝다

05

★ 发短信很麻烦。

近来朋友之间流行发各种幽默短信，这给我们的生活带来了快乐，但是同样的短信如果你收到了<u>一遍又一遍</u>，想必再幽默的短信你也<u>笑不出来了</u>。

★ 문자 메시지를 보내는 것은 매우 귀찮다. (X)

최근 친구들 사이에 각종 재미있는 문자 메시지를 보내는 것이 유행이다. 이는 우리들의 생활에 즐거움을 가져다 주었지만, 만일 똑같은 메시지를 계속해서 받고 또 받는다면 아무리 재미있는 문자 메시지라도 <u>웃기지 않을 것</u>이다.

시크릿 문자 메시지를 보내는 것이 어떠한지에 집중!

해설 같은 내용의 문자 메시지를 계속해서 받는다면 재미있는 문자 메시지일지라도 웃기지 않을 것이라고 했지, 문자 메시지를 보내는 것이 귀찮다는 뜻은 아니므로 주어진 문장은 녹음의 내용과 다르다.

단어 发 fā 동 보내다, 발송하다 | 短信 duǎnxìn 몡 (휴대폰의) 문자 메시지 | ★ 麻烦 máfan 톙 귀찮다, 번거롭다 | 近来 jìnlái 몡 요즘, 최근 | ★ 流行 liúxíng 동 유행하다 | 幽默 yōumò 톙 유머러스하다 | ★ 快乐 kuàilè 톙 즐겁다, 유쾌하다 | 想必 xiǎngbì 뷔 반드시, 틀림없이

01

S1

★ 没能力的人没有责任心。

有能力的人可以把复杂的事情变简单，而没能力的人却经常把简单的事情变复杂，这就是这两种人的区别。

★ 능력이 없는 사람은 **책임감이 없다.** (X)

능력 있는 사람은 복잡한 일을 단순하게 만들고, 능력이 없는 사람은 종종 단순한 일을 오히려 복잡하게 만든다. 이것이 바로 이 두 종류 사람의 차이점이다.

시크릿 능력 없는 사람이 어떠한가에 집중!

해설 능력이 없는 사람은 단순한 일을 복잡하게 만든다고 했지 책임감에 대해서는 언급하지 않았으므로, 주어진 문장은 녹음의 내용과 다른 문장이 된다. 주어진 문장에서 没能力的人(능력이 없는 사람)을 먼저 보고, 녹음에 没能力的人이라는 말이 나오는 부분을 더욱 집중해서 들어야 한다.

핵심어	혼동어
没能力的人 능력이 없는 사람	有能力的人 능력 있는 사람
능력이 없는 사람은 단순한 일도 복잡하게 만든다.	능력 있는 사람은 복잡한 일도 단순하게 만든다.

단어 能力 nénglì 몡 능력 | 责任心 zérènxīn 몡 책임감 | ★ 复杂 fùzá 혱 복잡하다 | ★ 简单 jiǎndān 혱 단순하다, 간단하다 | 区别 qūbié 몡 차이, 구별

02

S1

★ 那位先生想买蛋糕。

对不起，先生，那种蛋糕已经卖完了，您可以试试这个饼干，味道也很不错。

★ 그 남자는 케이크를 사고 싶어한다. (✓)

죄송합니다, 손님. 그 케이크는 이미 다 팔렸어요. 이 쿠키를 한번 드셔보세요. 맛이 아주 좋아요.

시크릿 그 남자가 사고 싶어 하는 것이 무엇인지에 집중!

해설 처음 부분에 그 케이크는 다 팔렸다고 말한 것을 들었다면, 고객이 케이크를 사고 싶어했다는 것을 알 수 있다. 饼干(쿠키)이라는 단어를 듣고 고객이 사고 싶어하는 것이 쿠키라고 혼동할 수도 있지만, 쿠키는 종업원이 고객에게 권한 것이지 고객이 사려고 하는 것은 아니었다.

핵심어	혼동어
蛋糕 케이크	饼干 쿠키
고객은 케이크를 사려고 온 것이다.	케이크가 다 팔려서 종업원이 쿠키를 권하고 있다.

단어 想 xiǎng 조동 ~하고 싶다 | 蛋糕 dàngāo 몡 케이크 | 已经 yǐjing 뷔 이미, 벌써 | 卖 mài 통 팔다 | 完 wán 혱 다하다, 떨어지다 | 可以 kěyǐ 조동 ~할 수 있다 | ★ 试 shì 통 시험 삼아 해보다 | 饼干 bǐnggān 몡 비스킷, 쿠키 | 味道 wèidao 몡 맛

03

S1

★ 小张的调查结果写得很好。

小张，你这份计划书写得不错，市场调查可以就按这个计划去做。下个月我要看调查结果。

★ 샤오장의 조사 결과서는 매우 잘 써졌다. (X)

샤오장, 이 기획안 잘 썼네요, 시장 조사는 이 계획에 맞춰서 진행해도 되요. 다음 달에 조사 결과를 보겠습니다.

시크릿 샤오장이 잘 쓴 것이 무엇인지에 집중!

해설 화자는 샤오장에게 기획서를 잘 썼고 그대로 시장 조사를 해서 다음 달에 보여달라고 했으므로, 샤오장이 잘 쓴 것은 조사 결과가 아니라 기획서다.

핵심어	혼동어
计划书 기획서	调查结果 조사 결과
기획서를 잘 썼다.	조사는 아직 하지 않았고, 다음 달에 알 수 있다.

단어 ★ 调查 diàochá 통 조사하다 ｜ ★ 结果 jiéguǒ 명 결과 ｜ 计划 jìhuà 명 계획, 방안 ｜ 市场 shìchǎng 명 시장 ｜ ★ 按 àn 전 ～에 따라서

04

S1
S3

★ 他父亲的职业是演员。

我父亲是医生，母亲是演员，但性格上我更像我的父亲，我的理想就是做一个像父亲那样的医生。

★ 그의 아버지의 직업은 배우다. (X)

우리 아버지는 의사고, 어머니는 배우다. 하지만 성격상 나는 아버지를 더 닮았다. 나의 꿈은 아버지 같은 의사가 되는 것이다.

시크릿 화자의 아버지의 직업이 무엇인지에 집중!

해설 녹음에서 아버지의 직업은 의사고 어머니의 직업은 배우라고 했으므로, 주어진 문장은 녹음 내용과 반대된다. 이런 문제를 들을 때는 옆에 메모하면서 들으면 더 쉽게 풀 수 있다.

핵심어	혼동어
父亲 아버지	母亲 어머니
아버지는 의사다.	어머니는 배우다.

단어 职业 zhíyè 명 직업 ｜ 演员 yǎnyuán 명 배우, 연기자 ｜ ★ 性格 xìnggé 명 성격 ｜ 理想 lǐxiǎng 명 이상, 꿈

05

S1
S3

★ 大学生不愿意去农村工作。

虽然大多数大学生毕业后都想在大城市就业，但也有不少人选择去农村，因为那里也有很多好的发展机会。

★ 대학생들은 농촌에 가서 일하기를 원치 않는다. (X)

비록 대다수의 대학생이 졸업 후 모두 대도시에서 일하기를 원하지만, 적지 않은 수의 대학생은 농촌에 가기를 선택한다. 왜냐하면 그곳에도 많은 발전 기회가 있기 때문이다.

시크릿 대학생들이 농촌에서 일하고 싶어하는지 여부에 집중!

해설 대다수의 대학생들이 도시에서 일하기를 원하지만 적지 않은 수의 대학생은 발전 기회가 많기 때문에 농촌을 선택한다고 했으므로, 대학생들이 모두 농촌에서 일하기를 원치 않는다고는 할 수 없다. 따라서 주어진 문장은 녹음 내용과 다르다.

핵심어	혼동어
不少人 적지 않은 사람	大多数大学生 대다수의 대학생
적지 않은 대학생이 발전 기회가 많은 농촌을 선택한다.	대다수의 대학생은 대도시에서 구직하기를 원한다.

단어 ★ 愿意 yuànyì 통 바라다, 희망하다 ｜ 农村 nóngcūn 명 농촌 ｜ 毕业 bìyè 통 졸업하다 ｜ ★ 选择 xuǎnzé 통 선택하다 ｜ 发展 fāzhǎn 통 발전하다

01

★ 他喜欢西方人的生活方式。

S2 S3

他习惯了亚洲人的生活方式。对西方人的饮食、文化和处事方法他无法接受。

★ 그는 서양인들의 생활방식을 좋아한다. (X)

그는 아시아인들의 생활방식에 익숙해져 있다. 서양인들의 음식, 문화, 그리고 일을 처리하는 방법들은 받아들이지 못한다.

시크릿 그가 서양인들의 생활방식에 대해 어떻게 생각하는지에 집중!

해설 그는 아시아인들의 생활방식에 익숙해져 있어서 서양인들의 문화를 받아들이지 못한다고 했으므로, 그는 서양인이 아닌 아시아인들의 생활방식을 좋아한다는 것을 알 수 있다.

핵심어	혼동어
亚洲人的生活方式 아시아인들의 생활방식 아시아인들의 생활방식에 익숙하다.	西方人的饮食、文化和处事方法 서양인의 음식, 문화, 일 처리 방법 서양인들의 생활방식은 받아들이기 힘들다.

단어 ★ 习惯 xíguàn 图 습관이 되다, 익숙해지다 | 亚洲 Yàzhōu 圀 아시아 | 饮食 yǐnshí 圀 음식 | 处事 chǔshì 图 일을 처리하다 | ★ 无法 wúfǎ 图 할 수 없다 | 接受 jiēshòu 图 받아들이다

02

★ 会议室在二层。

S1 S2

您要去会议室吗？那不必上楼，会议室就在一层，您往前走，电梯左边就是。

★ 회의실은 2층에 있다. (X)

회의실에 가려고 하시나요? 그러면 위층으로 올라갈 필요 없어요. 회의실은 1층에 있거든요. 앞쪽으로 가시다가 엘리베이터 왼쪽에 바로 있어요.

시크릿 회의실이 어디 있는지에 집중!

해설 화자는 회의실이 1층에 있기 때문에 2층까지 올라갈 필요가 없다고 했으므로, 주어진 문장은 녹음 내용과 일치하지 않는다.

핵심어	혼동어
一层 1층 회의실은 1층에 있다.	上楼 위층으로 올라가다 위층으로 올라갈 필요가 없다.

단어 会议室 huìyìshì 圀 회의실 | ★ 不必 búbì 囝 ~할 필요 없다 | 电梯 diàntī 圀 엘리베이터 | 左边 zuǒbian 圀 왼쪽

03

★ 坐公共汽车比开车慢一个小时。

S3

从高速公路开车只用半小时就能到，要是坐公共汽车的话得一个半小时呢。

★ 버스 타는 것이 운전하는 것보다 1시간 느리다. (√)

고속도로로 운전해서 가면 30분 만에 도착합니다. 만일 버스를 탄다면 1시간 반이 걸립니다.

시크릿 버스를 타는 것과 운전하는 것 중 어떤 것이 느린지에 집중!

해설 고속도로로 가면 30분 걸리는데 버스를 타고 가면 1시간 30분이 걸린다고 했으므로, 버스를 타는 것이 차를 운전하는 것보다 1시간 더 걸린다는 것을 알 수 있다. 이와 같은 문제를 풀 때에는 옆에 '버스=1:30, 차=30'과 같이 메모하면서 들으면 더 쉽게 문제를 풀 수 있다.

핵심어	혼동어
坐公共汽车 버스를 타는 것 버스로 1시간 30분이 걸린다.	从高速公路开车 고속도로로 운전하는 것 고속도로로 가면 30분이면 도착할 수 있다.

단어 高速公路 gāosù gōnglù 圀 고속도로 | ★ 要是 yàoshi 젭 만약 ~이라면

04

S2

★**女儿不同意打针。**

女儿发烧了，我带她上医院去，让大夫给她打了一针。三岁的女儿尽管很害怕打针，不过她没有哭。

★ 딸은 주사를 맞으려고 하지 않았다. (X)

딸이 열이 나서 병원에 데리고 갔더니, 의사가 딸에게 주사를 놓았다. 3살짜리 딸 아이는 주사를 매우 무서워했지만, 울지는 않았다.

시크릿 딸이 주사 맞는 것에 어떻게 반응했는지에 집중!

해설 딸이 주사 맞는 것을 무서워했지만 울지 않고 잘 맞았다고 했으므로, 딸이 주사를 맞았다는 것을 알 수 있다. 따라서 주어진 문장은 녹음 내용과는 반대되는 내용이다.

핵심어	혼동어
没有哭 울지 않다	害怕打针 주사를 무서워하다
주사 맞을 때 울지 않고, 잘 참았다.	주사 맞기 전에는 무서워했다.

단어 女儿 nǚ'ér 몡 딸 | ★ 同意 tóngyì 툉 동의하다, 찬성하다 | 打针 dǎzhēn 툉 주사를 맞다, 주사를 놓다 | 发烧 fāshāo 툉 열이 나다 | 大夫 dàifu 몡 의사 | ★ 害怕 hàipà 툉 겁내다, 두려워하다 | 哭 kū 툉 울다

05

S1
S3

★**很多人希望政府不要管医院。**

很多人希望医院只负责看病，而药品的管理、看病费用的收取应该让政府来管。

★ 많은 사람들은 정부가 병원에 관여하지 않길 바란다. (X)

많은 사람들이 병원은 진료하는 것만 책임지고, 약품의 관리나 진료비용을 받는 것은 마땅히 정부에서 관리하기를 바란다.

시크릿 사람들이 정부가 병원을 관리하는 것을 어떻게 생각하는지에 집중!

해설 사람들이 병원은 진료에 관한 것만 책임지고 약품이나 비용 문제는 정부가 관리하길 바란다고 했으므로, 주어진 문장은 녹음 내용과는 반대된다는 것을 알 수 있다.

핵심어	혼동어
让政府来管 정부가 관리하게 하다	医院只负责看病 병원은 진료만 책임지다
약품이나 진료비용은 정부가 관리해야 한다.	병원은 진료에 관한 사항만 책임지길 바란다.

단어 ★ 希望 xīwàng 툉 희망하다, 바라다 | 政府 zhèngfǔ 몡 정부 | ★ 负责 fùzé 툉 책임지다 | 药品 yàopǐn 몡 약품 | 管理 guǎnlǐ 툉 관리하다 | 费用 fèiyòng 몡 비용 | 收取 shōuqǔ 툉 수납하다, 수취하다

9 day   p.43

01

A 7:40	B 8:20
C 7:20	D 19:10

A 7시 40분	B 8시 20분
C 7시 20분	D 19시 10분

S1
S3

男：王教授，您明天早上几点到？我去火车站接您。
女：辛苦你了，我明天早上差20分八点到北京。

问：女的明天几点到北京？

남: 왕 교수님, 내일 아침 몇 시에 도착하세요? 제가 기차역으로 모시러 갈게요.
여: 고생이 많구나, 나는 아침 8시 20분 전에 베이징에 도착한단다.

질문: 여자는 내일 몇 시에 베이징에 도착하는가?

시크릿 시간 표현에서 差(부족하다)를 어떤 의미로 사용하는지에 주의!

해설 差를 시간 표현에서 사용할 때는, 몇 시가 되기에 얼마만큼의 시간이 부족하다는 의미를 나타낸다. 여자는 差20分八点이라고 얘기했으므로 '8시가 되기에 20분이 부족하다', 즉 A의 '7시 40분'이라는 것을 의미한다.

단어 教授 jiàoshòu 몡 교수 | ★ 火车站 huǒchēzhàn 몡 기차역 | 接 jiē 통 마중하다 | ★ 辛苦 xīnkǔ 혱 수고롭다

02

A 5月	B 4月
C 7月	D 12月

A 5월	B 4월
C 7월	D 12월

S1
S2

女：你们今天讨论得怎么样？有结果吗？
男：大家都同意把招聘会从4月7号推迟到5月12号。

问：大家希望什么时候举行招聘会？

여: 오늘 토론 어땠어? 결론이 났니?
남: 모두 채용 박람회를 4월 7일에서 5월 12일로 미루는 것에 동의했어.

질문: 모두 언제 채용 박람회를 개최하길 바라는가?

시크릿 推迟(연기하다)가 문장에서 어떤 의미로 쓰이는지에 주의!

해설 남자가 원래 4월에 개최하기로 했던 박람회를 5월로 미뤘다고 했으므로, 답은 A가 된다. 만일 박람회가 언제 개최될 예정이었는지를 물었다면 4월을 답으로 선택해야 한다.

단어 ★ 讨论 tǎolùn 통 토론하다 | ★ 结果 jiéguǒ 몡 결과 | ★ 同意 tóngyì 통 동의하다 | 招聘会 zhāopìnhuì 몡 채용 박람회 | 推迟 tuīchí 통 연기하다

03

A 很快	B 半个小时
C 一个小时	D 一个半小时

A 곧 도착한다	B 30분
C 1시간	D 1시간 30분

S1
S2

女：导游刚说还得多长时间才能到故宫？
男：还有半个小时就到了，我本来以为还得一个小时呢。

问：到故宫还要多长时间？

여: 가이드가 방금 얼마나 더 가야 고궁에 도착한다고 했어?
남: 30분 더 가야 도착한대. 나는 1시간을 더 가야 하는 줄 알았어.

질문: 고궁에 도착하려면 시간이 얼마나 더 걸리는가?

해설 가이드가 30분 더 가면 도착한다고 했으므로, 답은 B가 된다. 1시간은 남자가 착각한 내용으로 사실이 아니다. 以为 뒤에는 잘못 생각한 내용이 나오므로 주의해야 한다.

단어 ★ 导游 dǎoyóu 명 가이드 | 故宫 gùgōng 명 고궁 | ★ 本来 běnlái 부 원래, 본래

04

| A 30块 | B 60块 |
| C 90块 | D 120块 |

| A 30위안 | B 60위안 |
| C 90위안 | D 120위안 |

S1 男: 小姐, 我家孩子得买多少钱的票?
S2 女: 你好, 您的60, 孩子买儿童的票, 半价。
S3

问: 女儿的票多少钱一张?

남: 아가씨, 우리 아이는 얼마짜리 표를 사야 하나요?
여: 안녕하세요. 아버님은 60위안이고, 아이는 어린이 표를 사시면 되는데 반값이에요.

질문: 딸의 표는 한 장에 얼마인가?

해설 남자는 60위안이고 어린이 표는 반값이라고 했으므로, 아이의 표는 30위안이 된다. 이 문제는 들리는 그대로 답을 고르는 것이 아니라, 들린 숫자를 계산해서 답을 골라야 한다.

단어 孩子 háizi 명 아이, 아동 | 儿童 értóng 명 아동, 어린이 | 半价 bànjià 명 반값

---

10 day p.43

01

| A 5号 | B 4号 |
| C 10号 | D 15号 |

| A 5일 | B 4일 |
| C 10일 | D 15일 |

S1 男: 你研究生考得怎么样?
女: 数学可能考砸了。
男: 大家都说题不容易, 不过你这么努力一定没问题的。
女: 谢谢, 五号成绩就出来了, 到时候就知道了。

问: 成绩什么时候出来?

남: 대학원 시험 어땠어?
여: 수학은 망친 것 같아.
남: 다들 문제가 어려웠다고 하더라. 그래도 넌 이렇게 열심히 했으니 문제없을 거야.
여: 고마워. 5일에 성적이 나온다니까, 그때가 되면 곧 알게 되겠지.

질문: 성적은 언제 나오는가?

해설 마지막에 여자가 5일에 성적이 나온다고 말했으므로 답은 A가 된다.

단어 研究生 yánjiūshēng 명 대학원생 | 数学 shùxué 명 수학 | 砸 zá 동 실패하다, 망치다 | ★ 努力 nǔlì 동 노력하다 | 成绩 chéngjì 명 성적

02

| A 现在 | B 前天 |
| C 暑假期 | D 寒假前 |

| A 지금 | B 그저께 |
| C 여름방학 | D 겨울방학 전 |

男: 李教授，这几篇文章，您什么时候要?
女: 不急，你自己看着办，只要在寒假前交给我就行。
男: 没问题，我肯定会提前完成的。
女: 那样更好。

问: 女的什么时候要那几篇文章?

남: 리 교수님, 이 글들은 언제 필요하세요?
여: 급하지 않아. 네가 알아서 처리하고, 겨울방학 전에만 나한테 주면 돼.
남: 문제없어요. 그 전에 완성할 수 있어요.
여: 그럼 더 좋지.

질문: 여자는 언제 그 글들이 필요한가?

시크릿 접속사 只要…就…(~하기만 하면 ~하다)에 주의!

해설 글이 언제 필요하냐는 남자의 물음에 여자는 겨울방학 전까지만 주면 된다고 대답했으므로, 답은 D가 된다.

단어 暑假 shǔjià 圐 여름방학 | 寒假 hánjià 圐 겨울방학 | 教授 jiàoshòu 圐 교수 | 看着办 kànzhebàn 알아서 처리하다 | ★ 肯定 kěndìng 띪 확실히, 틀림없이 | ★ 提前 tíqián 동 앞당기다

03

| A 8点 | B 9点 |
| C 8点半 | D 9点半 |

| A 8시 | B 9시 |
| C 8시 반 | D 9시 반 |

S1
S2

女: 你好，我是前台。
男: 你好，我住807，现在楼下还有早饭吗?
女: 对不起，早饭提供到9点。
男: 明白了，谢谢你。

问: 现在最可能是几点?

여: 안녕하세요. 프런트입니다.
남: 안녕하세요. 저는 807호에 묵고 있는데, 지금 아래층에 아직 아침 식사가 있나요?
여: 죄송하지만, 아침 식사는 9시까지만 제공됩니다.
남: 알겠습니다. 감사합니다.

질문: 지금은 몇 시겠는가?

시크릿 들린 시간 정확히 기억하기!

해설 아침 식사가 되느냐는 남자의 물음에 여자가 죄송하다고 말했으므로, 지금은 아침 식사 제공이 안 된다는 것을 알 수 있다. 아침 식사는 9시까지만 제공된다고 했으므로, 지금은 9시가 지난 시간이라는 것을 알 수 있다. 따라서 답이 될 수 있는 시간은 D뿐이다.

단어 前台 qiántái 圐 프런트 | 楼下 lóuxià 圐 아래층 | 早饭 zǎofàn 圐 아침 식사 | 提供 tígōng 동 제공하다 | 明白 míngbai 동 알다. 이해하다

04

| A 2500 | B 3200 |
| C 3500 | D 4000 |

| A 2500 | B 3200 |
| C 3500 | D 4000 |

S1

男: 你看，这个怎么样? 图书馆招人。
女: 在哪儿，我看看。
男: 我觉得适合你。
女: 3500? 工资还挺高，那我先发个简历吧。

问: 这个工作的工资是多少?

남: 이거 좀 봐, 어때? 도서관에서 사람을 구한대.
여: 어디? 나도 좀 볼게.
남: 내 생각엔 너한테 적합할 것 같아.
여: 3천 5백? 월급도 정말 높네. 그럼 먼저 이력서를 보내봐야겠다.

질문: 이 직업의 월급은 얼마인가?

시크릿 보기의 숫자를 미리 봐둔 다음, 녹음에서 들리는 숫자에 집중!

해설 이 문제는 들리는 대로 답을 고르면 되는 문제이다. 녹음 마지막에서 여자가 3500이라고 말한 것을 들었다면, 쉽게 C를 답으로 고를 수 있다.

단어 图书馆 túshūguǎn 圐 도서관 | 招 zhāo 동 모집하다 | ★ 适合 shìhé 동 적합하다. 적절하다 | 工资 gōngzī 圐 월급 | 简历 jiǎnlì 圐 이력서

01

| A 不满 | B 激动 | A 불만스럽다 | B 흥분했다 |
| C 奇怪 | D 开玩笑 | C 의아하다 | D 농담이다 |

S1
S2

男：你怎么进来的？为什么不敲门？

女：是你自己没听见。我看见你戴着耳机呢。

问：男的说话什么语气？

남: 너 어떻게 들어왔어? 왜 노크 안 해?

여: 네가 못 들은 거야. 내가 보니까 너 이어폰 끼고 있던데.

질문: 남자의 어투는 어떠한가?

시크릿 남자의 말투에 집중!

해설 남자는 여자에게 왜 노크를 하지 않았냐고 따져 묻고 있으므로, 여자가 그냥 방으로 들어온 것을 불만스러워한다는 것을 알 수 있다. '너 어떻게 들어왔어?'라는 말을 듣고 C가 답이라고 혼동할 수도 있지만, 남자는 여자가 어떻게 들어왔는지가 궁금한 것이 아니라 여자가 노크하지 않았다고 생각해서 화가 난 것이다.

단어 不满 bùmǎn 웹 불만이다 | 激动 jīdòng 통 흥분하다, 감격하다 | 奇怪 qíguài 웹 이상하다, 의아하다 | 敲门 qiāomén 통 노크하다 | 戴 dài 통 착용하다, 쓰다 | 耳机 ěrjī 뗑 이어폰

02

| A 难过 | B 感动 | A 괴롭다 | B 감동스럽다 |
| C 轻松 | D 着急 | C 편안하다 | D 조급하다 |

S1
S3

女：怎么样，那个技术上的问题解决了吧？

男：我以为今天就能得到解决呢，但是情况比我想的糟糕得多，怎么办啊？

问：男的现在心情怎么样？

여: 어떻게 됐어? 그 기술 부분의 문제는 해결됐지?

남: 나는 오늘 해결될 수 있을 줄 알았는데, 상황이 내가 생각한 것보다 훨씬 엉망이야, 어떻게 하지?

질문: 남자의 현재 심정은 어떠한가?

시크릿 糟糕(엉망이다)의 의미에 주의!

해설 남자는 오늘 해결될 줄 알았는데, 상황이 생각보다 엉망이라고 했다. 怎么办(어떡하지)이라는 말에서 문제 해결을 하지 못해 조급해하고 있다는 것을 알 수 있으므로, D가 답이 된다.

단어 难过 nánguò 웹 괴롭다, 슬프다 | 着急 zháojí 통 조급해하다, 초조해하다 | 技术 jìshù 뗑 기술 | ★ 问题 wèntí 뗑 문제 | ★ 解决 jiějué 통 해결하다 | ★ 得到 dédào 통 얻다, ~하게 되다 | 情况 qíngkuàng 뗑 상황, 사정 | ★ 糟糕 zāogāo 웹 엉망이다

03

| A 感动 | B 称赞 | A 감동스럽다 | B 칭찬한다 |
| C 后悔 | D 商量 | C 후회한다 | D 상의한다 |

S1
S4

男：这里的风景真漂亮。

女：没错，早知道这儿的风景这么优美，我就带照相机了。

问：女的说话什么语气？

남: 여기 경치 정말 예쁘다.

여: 맞아. 여기 경치가 이렇게 아름다운 줄 진작에 알았더라면, 카메라를 가지고 왔을텐데.

질문: 여자의 어투는 어떠한가?

시크릿 早知道(진작 알았더라면)의 의미에 주의!

해설 여자는 지금 카메라를 가져오지 않은 것을 후회하고 있으므로, 답은 C다. 이 문제는 早知道(진작에 알았더라면)라는 말의 의미를 알고 있으면 쉽게 맞출 수 있는 문제로, 단어를 많이 외워두면 듣기 문제를 풀 때 많은 도움이 된다. 질문을 혼동하여 남자의 어투(A)를 고르지 않도록 주의한다.

단어 称赞 chēngzàn 통 칭찬하다 | 后悔 hòuhuǐ 통 후회하다 | 风景 fēngjǐng 뗑 풍경 | 优美 yōuměi 웹 우아하고 아름답다 | 照相机 zhàoxiàngjī 뗑 사진기, 카메라

04

| A 担心 | B 安慰 | A 걱정한다 | B 위로한다 |
| C 批评 | D 生气 | C 꾸짖는다 | D 화가 났다 |

S1
S3
S4

男: 孩子怎么样了？大夫说什么？

女: 现在他的病情没那么好，但大夫说没事，会很快好起来的。

问: 大夫是什么态度？

남: 아이는 어때? 의사 선생님이 뭐라고 하셔?

여: 지금 아이의 상태가 그렇게 좋지는 않지만, 의사 선생님이 괜찮다고, 곧 좋아질 거라고 하셨어.

질문: 의사 선생님의 태도는 어떠한가?

시크릿 역접을 나타내는 접속사 但(그러나) 이하 부분에 집중!

해설 이 문제는 긍정인지 부정인지만 잘 파악하면 쉽게 풀 수 있다. 아이의 상태가 별로 좋지 않다는 여자의 말을 듣고 부정적이라고 혼동할 수도 있지만, 역접을 나타내는 접속사 但(그러나)을 써서 그 이하 부분에 핵심이 되는 내용을 언급했다. 但 이하는 의사 선생님이 긍정적인 태도를 보이며 위로했다는 내용이므로, 답은 B가 된다. 남자도 여자도 아닌, 의사 선생님의 태도를 물었다는 점에 주의한다.

단어 ★ 安慰 ānwèi 图 위로하다 | 批评 pīpíng 图 꾸짖다, 비판하다 | 病情 bìngqíng 阌 병세 | 大夫 dàifu 阌 의사

---

12 day p.48

01

| A 不满 | B 羡慕 | A 불만스럽다 | B 부럽다 |
| C 兴奋 | D 失望 | C 흥분했다 | D 실망스럽다 |

S1
S3
S4

男: 今年寒假你打算去哪儿？

女: 去新加坡，那里暖和，没有冬天。

男: 好主意。直接过夏天，你真幸福啊！

女: 是呀，我最怕冷。

问: 男的说话什么语气？

남: 올해 겨울방학에 너는 어디에 갈 계획이야?

여: 싱가포르에 갈 거야. 거기는 따뜻하고 겨울이 없어.

남: 좋은 생각이다. 바로 여름을 보낸다니, 정말 행복하겠다!

여: 맞아. 나는 추위에 제일 약해.

질문: 남자의 어투는 어떠한가?

시크릿 남자가 여자에게 한 말 你真幸福啊!(정말 행복하겠다!)에 주의!

해설 싱가포르에 갈 것이라는 여자의 말에 남자는 좋은 생각이라며 행복하겠다고 했으므로, 남자가 여자를 부러워한다는 것을 알 수 있다. 남녀를 혼동하여 C를 고르지 않도록 주의한다.

단어 ★ 羡慕 xiànmù 图 부러워하다 | 兴奋 xīngfèn 阌 흥분하다 | 寒假 hánjià 阌 겨울방학 | 打算 dǎsuan 图 ～할 계획이다 | 新加坡 Xīnjiāpō 阌 싱가포르 | 暖和 nuǎnhuo 阌 따뜻하다 | 直接 zhíjiē 阌 직접적인

02

| A 同意 | B 无奈 | A 동의한다 | B 어쩔 수 없다 |
| C 感谢 | D 兴奋 | C 감사한다 | D 흥분했다 |

S1
S2

男: 这些书你还要吗？

女: 不想要了。

男: 没用的东西就放垃圾桶里，别到处乱扔。

女: 好吧，那我现在把房间整理一下。

问: 女的是什么态度？

남: 이 책들 아직 필요해?

여: 필요 없어.

남: 안 쓰는 물건은 쓰레기통에 버려. 아무 데나 함부로 두지 말고.

여: 알았어. 그럼 지금 방 정리 좀 할게.

질문: 여자의 태도는 어떠한가?

해설 남자의 말에 여자가 好吧(알았어)라고 대답했으므로, 여자가 남자의 말에 동의한다는 것을 알 수 있다. 또한 물건을 아무 데나 두지 말라는 남자의 말에 여자가 방 정리를 하겠다고 말한 것에서도 여자의 태도를 알 수 있다.

단어 无奈 wúnài 图 어찌할 도리가 없다, 부득이하다 | 垃圾 lājī 图 쓰레기 | 到处 dàochù 图 곳곳, 도처 | 乱 luàn 图 함부로, 제멋대로 | 扔 rēng 图 던지다, 내버리다 | 整理 zhěnglǐ 图 정리하다

03

| A 着急 | B 担心 | A 조급하다 | B 걱정한다 |
| C 怀疑 | D 兴奋 | C 의심한다 | D 흥분했다 |

S1 S4

女：海洋公园到底是不是在这边啊? 怎么还没到啊?

男：方向肯定对，估计不会太远了，再有几分钟就到了。

女：再晚了，就来不及看表演啦。

男：别担心，下午还有一场呢。

问：女的现在心情怎么样?

여: 해양공원이 이쪽에 있는 거 맞아? 왜 아직 도착하지 못하는 거야?

남: 방향은 분명히 맞아. 별로 멀지는 않은 것 같으니, 몇 분만 더 가면 도착할 거야.

여: 더 늦으면, 공연을 못 볼 거야.

남: 걱정 마. 오후에 공연이 한 번 더 있어.

질문: 여자의 현재 심정은 어떠한가?

해설 이 문제에서 남자가 别担心(걱정 마)이라고 말한 것을 듣고 B를 답으로 고르거나, 여자가 남자에게 왜 아직도 도착하지 않느냐고 묻는 것을 듣고 C를 답이라고 혼동할 수도 있다. 하지만 여자는 공연을 못 볼 것 같다(来不及)고 말하고 있으므로, 제시간에 도착하지 못 할까 조급해하고 있다는 것을 알 수 있다.

단어 怀疑 huáiyí 图 의심하다 | ★ 到底 dàodǐ 图 도대체 | ★ 肯定 kěndìng 图 확실히, 틀림없이 | 估计 gūjì 图 추측하다, 어림잡다 | ★ 来不及 láibují 图 (시간이 부족하여) ~하지 못하다 | 表演 biǎoyǎn 图 공연

04

| A 很紧张 | B 很舒服 | A 긴장했다 | B 편안하다 |
| C 很轻松 | D 批评男的 | C 홀가분하다 | D 남자를 꾸짖는다 |

S1 S2 S3 S4

男：我钥匙呢? 你看见了吗?

女：我哪儿知道你放哪儿了?

男：帮着找找啊!

女：你应该仔细看看，这不找到了嘛!

问：女的说话什么语气?

남: 내 열쇠 어디 있지? 너 봤어?

여: 네가 어디에 두었는지 내가 어떻게 알아?

남: 찾는 것 좀 도와줘!

여: 꼼꼼히 좀 봐봐. 여기 찾았잖아!

질문: 여자의 어투는 어떠한가?

해설 마지막에 여자가 한 말을 듣고 지금 여자가 남자를 나무라고 있다는 것을 알 수 있는데, B나 C는 긍정적인 뜻의 단어이므로 답이 될 수 없다. 또한 열쇠를 찾지 못해 긴장한 사람은 남자기 때문에, A는 여자의 어투가 아니다. 따라서 답은 D가 된다.

단어 紧张 jǐnzhāng 图 불안하다, 긴장해 있다 | 舒服 shūfu 图 편안하다 | 轻松 qīngsōng 图 홀가분하다, 가뿐하다 | 钥匙 yàoshi 图 열쇠 | ★ 仔细 zǐxì 图 세심하다, 꼼꼼하다

01

A 老师	B 导游	A 선생님	B 가이드
C 服务员	D 电影导演	C 종업원	D 영화감독

S1
S2

女：那位导游给我的印象非常好，这几天我们玩儿得很愉快。

男：同意，她的服务态度确实挺好，我们真应该好好儿谢谢她。

问：他们打算感谢谁?

여: 그 가이드의 인상은 매우 좋았어. 요 며칠 동안 우리는 유쾌하게 잘 놀았잖아.

남: 맞아. 그녀의 서비스 태도는 정말 좋았어. 우리는 그녀에게 정말 감사해야 해.

질문: 그들은 누구에게 감사하다고 할 것인가?

시크릿 导游(안내원, 가이드)의 뜻에 주의!

해설 이 문제는 정답인 단어가 직접 언급되는 문제로 导游(가이드)라는 말만 잘 들었다면 쉽게 맞출 수 있다. 이렇게 정답 단어가 직접적으로 언급되는 문제는 녹음을 듣기 전에 보기의 내용을 읽어보면 쉽게 풀 수 있으므로, 듣기 문제를 풀 때는 꼭 먼저 보기를 읽도록 해야 한다.

단어 ★ 导游 dǎoyóu 몡 안내원, 가이드 | ★ 印象 yìnxiàng 몡 인상 | 愉快 yúkuài 톙 기쁘다, 즐겁다 | 服务 fúwù 통 서비스하다 | 态度 tàidu 몡 태도 | ★ 确实 quèshí 뿐 정말로, 확실히

02

A 老师	B 医生	A 선생님	B 의사
C 钢琴家	D 音乐家	C 피아니스트	D 음악가

S1
S2

男：你钢琴弹得真好!

女：我以前是钢琴老师，专门教儿童弹钢琴。

问：女的原来的职业是什么?

남: 너 피아노 정말 잘 친다!

여: 나 예전에 피아노 선생님이었어. 전문적으로 아이들에게 피아노 치는 걸 가르쳤지.

질문: 여자의 원래 직업은 무엇인가?

시크릿 직업을 나타내는 명사에 집중!

해설 이 문제는 정답 단어가 직접적으로 언급되는 문제로, 여자는 예전에 피아노 선생님이었다고 말했으므로 답은 A가 된다. 녹음에 钢琴(피아노)이라는 말이 자주 언급되어서 C가 답이라고 혼동할 수 있지만, 여자는 피아노를 가르쳤던(教) 것이지 피아니스트였던 것은 아니다.

단어 钢琴 gāngqín 몡 피아노 | 弹 tán 통 (악기를) 연주하다 | 专门 zhuānmén 뿐 전문적으로 | 教 jiāo 통 가르치다 | 儿童 értóng 몡 아동, 어린이

03

A 妈妈	B 父亲	A 엄마	B 아버지
C 亲戚	D 女的	C 친척	D 여자

S1
S2
S4

男：晚上有什么安排吗? 跟我们去游泳吧。

女：不了，我爸今天过生日，家里来了一些亲戚，我得回去帮我妈的忙。

问：今天是谁过生日?

남: 저녁에 무슨 계획 있어? 우리랑 수영하러 가자.

여: 안 돼. 우리 아빠가 오늘 생신이셔서 집에 친척들이 몇 분 오셔. 집에 가서 엄마를 도와드려야 해.

질문: 오늘은 누구의 생일인가?

해설 여자가 오늘은 아빠의 생신이라고 말했으므로, 답은 B가 된다. 녹음에서 我爸(우리 아빠)라고 언급된 것이 보기에서는 父亲(아버지)으로 바뀌어 제시되었다.

단어 亲戚 qīnqi 몡 친척 | ★ 安排 ānpái 동 (시간 등을) 안배하다 | 游泳 yóuyǒng 동 수영하다 | 过 guò 동 지내다, 보내다 | 生日 shēngrì 몡 생일 | 帮忙 bāngmáng 동 거들다, 일손을 돕다

04

A 同事	B 朋友
C 夫妻	D 亲戚

A 직장 동료	B 친구
C 부부	D 친척

S1 S2

女: 小英今晚什么时候回来? 是不是妈不让回来?

男: 对, 老太太见到孙女就不让走了, 明天我去接她回来, 顺便看看我妈。

问: 他们是什么关系?

여: 샤오잉은 오늘 저녁에 언제쯤 돌아와요? 어머님께서 안 돌려 보내신대요?

남: 응, 어머니가 손녀를 만나더니 못 가게 하셔, 내일 내가 데리러 갈게. 가는 김에 어머니도 뵙고.

질문: 그들은 어떤 관계인가?

해설 대화에서 老太太(어머니), 孙女(손녀)라는 말을 들었다면, 두 사람이 할머니 집에 가 있는 자신들의 딸 얘기를 한다는 것을 알 수 있다. 같은 사람을 '어머니'라고 부르면서 함께 집안일을 얘기하는 남녀는 부부 관계이므로, 답은 C가 된다.

단어 同事 tóngshì 몡 동료 | 夫妻 fūqī 몡 부부 | 让 ràng 동 ~하게 하다 | 老太太 lǎotàitai 몡 어머니 | 孙女 sūnnǚ 몡 손녀 | 接 jiē 동 받다, 마중하다 | ★ 顺便 shùnbiàn 몜 ~하는 김에

---

14 day p.54

01

A 服务员	B 售货员
C 送货员	D 卖卡的

A 종업원	B 판매원
C 배달부	D 카드 판매원

S1 S3

女: 先生, 这是您的房卡, 请拿好。

男: 谢谢。我的行李箱怎么办呢?

女: 我们一会儿会直接送到您的房间。

男: 谢谢。麻烦你们了。

女: 不客气。

问: 女的最可能是做什么的?

여: 선생님, 이건 당신 방의 카드키예요. 받으세요.

남: 감사합니다. 제 여행가방은 어떻게 하죠?

여: 저희가 조금 있다가 직접 방으로 가져다 드릴게요.

남: 감사합니다. 번거롭게 했네요.

여: 별말씀을요.

질문: 여자는 무엇을 하는 사람이겠는가?

해설 여자가 房卡(방의 카드키)를 남자에게 건네주는 상황이므로, 호텔에서 일하는 직원일 가능성이 크다. 또 여자가 짐을 방까지 옮겨 드린다고 말한 것에서도 여자의 직업을 유추할 수 있으므로, 답은 A다.

단어 服务员 fúwùyuán 몡 (서비스 분야의) 종업원 | 售货员 shòuhuòyuán 몡 점원, 판매원 | 房卡 fángkǎ 몡 (방의) 카드키 | 行李箱 xínglǐxiāng 몡 여행용 가방 | 直接 zhíjiē 톙 직접적인 | 麻烦 máfan 톙 귀찮다, 번거롭다

<table>
<tr><td>02</td><td>A 歌手
C 售货员</td><td>B 运动员
D 舞蹈演员</td><td>A 가수
C 판매원</td><td>B 운동선수
D 무용단원</td></tr>
</table>

S1
S3

女: 你估计这次出国演出我能选上吗?

男: 你得减肥。这样胖下去以后怎么跳得起来啊!

女: 我知道，我保证以后坚持不多吃，也不吃好的。

男: 保证有什么用啊? 关键是看你能不能做到。这次要的可都是体重在40公斤以下的女孩儿。

问: 女的最可能是做什么的?

여: 너는 이번 해외 공연에 내가 뽑힐 수 있을 것 같아?

남: 너는 다이어트를 해야 해. 이렇게 계속 뚱뚱해지면 나중에 어떻게 뛸 수 있겠어!

여: 나도 알아. 나는 이제부터 많이 먹지도 않고, 맛있는 것도 안 먹는다고 약속할게.

남: 약속하는 게 무슨 소용이야? 중요한 건 네가 해낼 수 있느냐는 거야. 이번에 필요한 건 전부 체중 40kg 이하의 여자아이들이야.

질문: 여자는 무엇을 하는 사람이겠는가?

시크릿 직업을 유추할 수 있는 명사 및 동사에 집중!

해설 여자가 演出(공연)라고 말한 것을 들으면 여자가 공연을 하는 사람이라는 것(A, D)을 알 수 있고, 남자가 跳得起来(뛸 수 있다)라고 말했으므로, 여자는 무용을 하는 사람(D)이라는 것을 알 수 있다.

단어 歌手 gēshǒu 몡 가수 | 舞蹈 wǔdǎo 몡 춤, 무용 | 估计 gūjì 됭 추측하다 | 演出 yǎnchū 몡 공연 | ★ 减肥 jiǎnféi 됭 살을 빼다 | 保证 bǎozhèng 됭 보증하다, 책임지다 | ★ 坚持 jiānchí 됭 지키다, 유지하다 | ★ 关键 guānjiàn 몡 관건

<table>
<tr><td>03</td><td>A 同学
C 女儿</td><td>B 朋友
D 妈妈</td><td>A 동창
C 딸</td><td>B 친구
D 엄마</td></tr>
</table>

S1
S2

男: 小李，刚才跟你说话的女孩儿是谁?

女: 我大学同学，你认识?

男: 应该不认识，但是好像在哪儿见过。

女: 那你可能是在我的大学毕业照上见过吧!

问: 女的和那个女孩儿是什么关系?

남: 샤오리, 방금 너랑 얘기하던 여자는 누구야?

여: 대학 동창인데, 알아?

남: 당연히 모를 텐데, 어디서 본 적이 있는 것 같아.

여: 그럼 내 대학 졸업사진에서 봤을 거야!

질문: 여자와 그 여자는 무슨 관계인가?

시크릿 신분·관계 관련 단어에 집중!

해설 남자의 질문에 여자는 대학 동창(大学同学)이라고 대답했으므로 답은 A가 된다. 만약 남자와 여자의 관계를 물었다면 B가 답이 될 수 있지만, 이 문제에서는 여자와 여자가 대화하고 있던 상대의 관계를 물었으므로 답은 A가 된다.

단어 同学 tóngxué 몡 동창, 학우 | ★ 认识 rènshi 됭 알다 | ★ 好像 hǎoxiàng 틘 마치 ~와 같다 | 毕业 bìyè 몡 졸업 | 照 zhào 몡 사진

<table>
<tr><td>04</td><td>A 夫妻
C 兄妹</td><td>B 同事
D 同学</td><td>A 부부
C 남매</td><td>B 직장 동료
D 동창</td></tr>
</table>

S1
S3

女: 你一个人对着手机笑什么?

男: 我妹刚给我发了个笑话，笑死我了。

女: 这么好笑，给我也发过来看看。

男: 好的，我给咱办公室的同事都发一遍。

问: 他们是什么关系?

여: 너 혼자 휴대전화를 보면서 뭘 그렇게 웃니?

남: 내 여동생이 방금 재미있는 이야기를 보내줬는데, 웃겨 죽겠어.

여: 그렇게 웃기면 나한테도 좀 보내줘봐.

남: 알았어, 우리 사무실 동료들한테 모두 보내야겠다.

질문: 그들은 어떤 관계인가?

시크릿 보기를 미리 보고 관계를 묻는 문제임에 집중!

해설 마지막에 남자가 우리 사무실 동료들(咱办公室的同事)이라고 말한 것을 들었다면, 두 사람이 같은 사무실에서 근무하는 직장 동료라는 것을 알 수 있다. 남자와 문자를 보낸 사람과의 관계를 묻는다면 C가 답이 되겠지만, 이 문제에서는 대화하는 두 사람의 관계를 물었으므로 답은 B가 된다.

단어 同事 tóngshì 몡 동료 | 发 fā 동 보내다 | 笑话 xiàohua 몡 우스운 이야기 | 好笑 hǎoxiào 혱 우습다 | 办公室 bàngōngshì 몡 사무실

15 day p.60

01

| A 医院 | B 家里 |
| C 学校 | D 公园 |

| A 병원 | B 집 |
| C 학교 | D 공원 |

S1
S2

男: 大夫，我的头最近疼得厉害，你给我看看。

女: 你等一下，让我看看。

问: 他们现在在哪儿?

남: 선생님, 요즘 제 머리가 심하게 아파요. 좀 봐주세요.

여: 잠시만요. 제가 좀 볼게요.

질문: 그들은 현재 어디에 있는가?

시크릿 병원 관련 어휘에 집중!

해설 남자가 大夫(의사 선생님)라고 말한 것을 들었다면, 현재 남자가 병원에서 진찰을 받고 있음을 알 수 있다.

단어 医院 yīyuàn 몡 병원 | 公园 gōngyuán 몡 공원 | 大夫 dàifu 몡 의사 | 最近 zuìjìn 몡 요즘 | ★ 厉害 lìhai 혱 심각하다

02

| A 饭店 | B 公司 |
| C 机场 | D 医院 |

| A 호텔 | B 회사 |
| C 공항 | D 병원 |

S1
S2

女: 经理，你对新办公室的环境还满意吗?

男: 挺好，谢谢。你可以带我去看看公司别的地方吗?

问: 他们现在在哪儿?

여: 사장님, 새로운 사무실 환경은 마음에 드세요?

남: 아주 좋아요, 감사합니다. 저에게 회사의 다른 곳도 보여주실 수 있나요?

질문: 그들은 지금 어디에 있는가?

시크릿 장소 관련 단어에 집중!

해설 녹음에서 办公室(사무실)라는 말을 들었다면 회사임을 알아챌 수 있고, 남자가 직접적으로 公司(회사)라는 말도 언급했다. 이러한 문제는 핵심 단어만 외우고 있다면 쉽게 풀 수 있다.

단어 饭店 fàndiàn 몡 호텔 | 机场 jīchǎng 몡 공항 | ★ 办公室 bàngōngshì 몡 사무실 | 环境 huánjìng 몡 환경 | ★ 满意 mǎnyì 동 만족하다 | 带 dài 동 이끌다, 통솔하다 | 地方 dìfang 몡 장소

03

| A 饭馆 | B 食堂 |
| C 家里 | D 宾馆 |

| A 식당 | B 구내식당 |
| C 집 | D 호텔 |

S1
S2
S4

女: 这种双人间一天多少钱?

男: 比标准间还贵，打完折480块。

여: 이런 2인실은 하루에 얼마인가요?

남: 일반실보다 더 비싸요, 할인을 다 해도 480위안입니다.

问: 他们最可能在哪儿谈话?　　　　　　　질문: 그들은 어디에서 대화하는 것이겠는가?

시크릿 호텔에서 쓰이는 어휘에 집중!

해설 双人间(2인실), 标准间(일반실)이라는 말은 호텔에서 방을 구별할 때 쓰는 단어로, 이 문제에서는 관련 용어를 알아야지만 문제를 풀 수 있다.

단어 食堂 shítáng 명 구내식당 | 宾馆 bīnguǎn 명 호텔 | 双 shuāng 형 두 개의, 그의 | 间 jiān 명 방, 실 | 一天 yìtiān 명 하루 | 标准间 biāozhǔnjiān 명 일반실 | ★ 打折 dǎzhé 동 할인하다

04

| A 银行 | B 火车站 | A 은행 | B 기차역 |
| C 公共汽车站 | D 电影院门口 | C 버스정류장 | D 영화관 입구 |

S1 男: 请问，在哪儿能买到去上海的车票?　　남: 저기요, 상하이로 가는 표를 어디서 살 수 있나요?
S2 女: 请你到前边四号窗口去排队。　　　　여: 앞쪽의 4번 창구로 가서 줄 서세요.

问: 这段对话可能发生在哪儿?　　　　　　질문: 이 대화는 어디에서 일어나는 것이겠는가?

시크릿 교통수단 관련 단어에 집중!

해설 남자는 지금 상하이로 가는 기차표를 사려고 한다. 따라서 이 두 사람은 지금 기차역(火车站)에서 대화하고 있음을 알 수 있다.

단어 银行 yínháng 명 은행 | 火车 huǒchē 명 기차 | 站 zhàn 명 역, 정류장 | 电影院 diànyǐngyuàn 명 영화관 | 前边 qiánbian 명 앞 | 窗口 chuāngkǒu 명 창구 | 排队 páiduì 동 줄을 서다

---

16 day　p.60

01

| A 路上 | B 车上 | A 길가 | B 차 안 |
| C 饭店里 | D 公共汽车站 | C 호텔 안 | D 버스정류장 |

S1
S3
女: 先生，对不起! 我们这里禁止吸烟。　　여: 선생님, 죄송합니다! 이곳은 흡연이 금지되어 있습니다.
男: 那请问什么地方可以抽烟?　　　　　　남: 그러면 어디에서 담배를 피울 수 있죠?
女: 请往前走，然后向左转，那边有吸烟室。　여: 앞쪽으로 가시다가 왼쪽으로 도시면, 그쪽에 흡연실이 있습니다.
男: 谢谢。　　　　　　　　　　　　　　　남: 감사합니다.

问: 他们最可能在哪儿?　　　　　　　　　질문: 그들은 어디에 있겠는가?

시크릿 문제 내용을 듣고 정답 유추하기!

해설 여자가 흡연실에 관해 안내하고 있으므로, 보기 중에서 흡연실을 따로 만들어 놓을 만한 장소를 골라야 한다. A 와 D는 실내가 아니므로 답이 될 수 없고, B 역시 차 안에 흡연실을 만들어 놓을 수는 없으므로, 답이 될 수 있는 것은 C뿐이다.

단어 公共汽车 gōnggòng qìchē 명 버스 | 禁止 jìnzhǐ 동 금지하다 | 吸烟 xīyān 동 흡연하다 | 抽烟 chōuyān 동 담배를 피우다 | 转 zhuǎn 동 (방향 등을) 바꾸다, 전환하다

<table>
<tr><td>02</td><td>A 家里　　　　　B 银行
C 商场　　　　　D 电影院</td><td>A 집　　　　　　B 은행
C 쇼핑센터　　　D 영화관</td></tr>
</table>

02

A 家里　　　　　B 银行
C 商场　　　　　D 电影院

A 집　　　　　　B 은행
C 쇼핑센터　　　D 영화관

S1 S2

女: 家里电视都坏了好久了，现在正好打折，我们顺便买一台吧。
男: 今天买的东西太多了，钱不够了，下次再说。
女: 我带着信用卡呢，给你。
男: 真拿你没办法。

问: 他们现在在哪儿?

여: 집에 있는 TV가 망가진 지 오래됐는데, 지금 마침 세일하는 김에 우리 하나 사자.
남: 오늘 산 물건이 너무 많아서 돈이 부족해. 다음에 다시 얘기하자.
여: 내가 신용카드 가져왔어, 자.
남: 정말 넌 방법이 없구나.

질문: 그들은 지금 어디에 있는가?

시크릿 녹음을 들으며 어디에서 대화를 하고 있는지 그 장소 연상에 집중!

해설 그들은 지금 TV를 사는 것에 대해서 이야기하고 있으므로, 두 사람이 쇼핑센터에 있다는 것을 알 수 있다.

단어 坏 huài 图 고장 나다 | 正好 zhènghǎo 图 마침, 공교롭게도 | ★ 打折 dǎzhé 图 할인하다 | ★ 顺便 shùnbiàn 图 ~하는 김에 | 信用卡 xìnyòngkǎ 图 신용카드

03

A 商店　　　　　B 饭馆
C 超市　　　　　D 蛋糕店

A 상점　　　　　B 식당
C 슈퍼마켓　　　D 케이크 가게

S1 S2 S3

女: 吃好了吗? 你今天怎么吃这么少?
男: 本来我不太饿，出门前我吃了块巧克力蛋糕。
女: 好吧，剩下的我们打包吧。
男: 当然要带走，不能浪费。

问: 他们最可能在哪儿?

여: 다 먹은 거야? 너 오늘 왜 이렇게 조금 먹어?
남: 원래 배가 별로 안 고팠어. 나오기 전에 초콜릿 케이크를 먹었거든.
여: 그래, 남은 것은 우리 싸 가자.
남: 당연히 가져가야지, 낭비하면 안 되니까.

질문: 그들은 어디에 있겠는가?

시크릿 打包(포장하다)라는 어휘를 어디서 쓸 수 있는지에 주의!

해설 여자가 다 먹었냐고 물은 것을 듣고, 두 사람이 음식점에서 음식을 먹고 있었다는 것을 알 수 있다. 남자가 巧克力蛋糕(초콜릿 케이크)라고 말해서 D가 답이라고 혼동할 수 있다. 하지만 케이크는 지금 두 사람이 먹은 것이 아니라, 남자가 나오기 전에 먹은 음식이므로 답이 될 수 없다.

단어 商店 shāngdiàn 图 상점 | 蛋糕 dàngāo 图 케이크 | 饿 è 图 배고프다 | 巧克力 qiǎokèlì 图 초콜릿 | 剩下 shèngxià 图 남기다 | 打包 dǎbāo 图 포장하다, 싸 가다 | 浪费 làngfèi 图 낭비하다

04

A 商店　　　　　B 停车场
C 修车铺　　　　D 收费人

A 상점　　　　　B 주차장
C 자동차 수리점　　D 돈을 받는 사람

S1 S2

男: 小姐，这儿不能停车。
女: 哦，是吗? 那我应该停哪儿?
男: 那边有个专门的地下停车场。往右一拐就是。
女: 是收费的吗?
男: 对，一小时20块。

问: 女的在找什么?

남: 아가씨, 여기에 주차하시면 안 돼요.
여: 아, 그래요? 그러면 어디에 주차해야 하죠?
남: 저쪽에 전용 지하 주차장이 있어요. 오른쪽으로 돌면 바로예요.
여: 돈을 받나요?
남: 네, 1시간에 20위안이에요.

질문: 여자는 무엇을 찾고 있는가?

해설 여자는 남자에게 어디에 주차해야 하냐고 물었으므로, 지금 여자가 주차할 공간을 찾고 있다는 것을 알 수 있다. 또한 남자의 말에서 직접적으로 停车场(주차장)이라는 단어가 언급된 것을 들었다면 쉽게 답을 고를 수 있다.

단어 停车场 tíngchēchǎng 몡 주차장 | 收费 shōufèi 통 비용을 받다 | 专门 zhuānmén 휜 전문적으로 | 地下 dìxià 몡 지하, 땅밑 | 拐 guǎi 통 꺾어 돌다

17 day p.66

01

| A 旅游 | B 买东西 |
| C 去上海 | D 收拾行李 |

| A 여행을 간다 | **B 물건을 산다** |
| C 상하이에 간다 | D 짐을 꾸린다 |

S1
S3

女: 天都黑了，你还出去干什么？
男: 我们明天去上海旅游，我要去买一个轻一点儿的行李箱。

问: 男的现在要去做什么？

여: 날도 어두워졌는데, 너 뭐 하려고 나가?
남: 우리 내일 상하이로 여행 가니까, 좀 가벼운 여행가방을 하나 사러 가려고.

질문: 남자는 지금 무엇을 하러 가는가?

해설 녹음에서 去上海(상하이에 간다), 旅游(여행을 간다)라는 말들이 나와서 A나 C가 답이라고 혼동할 수 있다. 하지만 상하이로 여행을 가는 것은 내일이고, 지금 남자는 여행가방을 사러 간다고 했으므로 B가 답이 된다. 녹음에서 行李箱(여행가방)이라고 언급된 단어가 보기에는 东西(물건)로 바뀌어 나왔다.

단어 ★旅游 lǚyóu 통 여행하다 | 黑 hēi 헹 어둡다 | 行李箱 xínglǐxiāng 몡 여행가방

02

| A 运动 | B 开会 |
| C 旅游 | D 上课 |

| A 운동한다 | **B 회의한다** |
| C 여행한다 | D 수업한다 |

S1

男: 这就是这次活动的计划，看看大家还有什么别的想法吗？
女: 我觉得安排得很好，交给你负责我们都放心。

问: 他们最可能在做什么？

남: 이것이 이번 행사의 계획이에요. 모두들 또 다른 의견 있나요?
여: 내 생각에 계획을 아주 잘 짠 것 같아. 너에게 책임을 맡기니 우리는 안심이야.

질문: 그들은 무엇을 하고 있겠는가?

해설 두 사람은 지금 행사 계획에 대해 이야기하며, 다른 사람들(大家)의 의견도 묻고 있으므로, 회의를 하고 있다는 것을 알 수 있다.

단어 活动 huódòng 몡 활동, 행사 | 计划 jìhuà 몡 계획 | 想法 xiǎngfa 몡 생각, 의견 | ★安排 ānpái 통 안배하다, 준비하다 | 交给 jiāogěi 통 ～에게 맡기다 | ★负责 fùzé 통 책임지다 | ★放心 fàngxīn 통 안심하다

03

A 散步	B 洗澡	A 산책한다	B 샤워한다
C 看电视	D 打扫厨房	C TV를 본다	D 주방을 청소한다

S1

女：吃完饭得活动活动，别刚吃完就坐那儿不动了。

男：吃饱了我就懒得动了。

问：男的可能在干什么呢？

여: 밥을 다 먹었으면 좀 움직여야 해. 먹자마자 움직이지 않고 앉아만 있지 말고.

남: 배가 부르면 난 움직이기가 귀찮아.

질문: 남자는 무엇을 하고 있겠는가?

시크릿 남자의 말을 듣고 정답 유추하기!

해설 여자는 남자에게 밥을 먹고 나서는 움직여야 한다고 했으므로, 지금 남자가 가만히 앉아 있다는 것을 알 수 있다. 보기 중에서 가만히 앉아서 할 수 있는 동작은 C뿐이다.

단어 散步 sànbù 동 산책하다 | 洗澡 xǐzǎo 동 샤워하다 | 打扫 dǎsǎo 동 청소하다 | 厨房 chúfáng 명 주방 | 活动 huódòng 동 (몸을) 움직이다 | 吃饱 chībǎo 배불리 먹다 | 懒 lǎn 형 게으르다, 나태하다

04

A 看雪景	B 拍照片	A 설경을 본다	B 사진을 찍는다
C 吃早饭	D 马上去上班	C 아침을 먹는다	D 곧 출근한다

S1
S2

女：外面下雪了，好美啊！咱们出去拍些雪景照片吧。

男：今天的交通该紧张了，小心上班堵车迟到。咱们还是早点儿走吧。

问：男的打算做什么？

여: 밖에 눈 와. 참 예쁘다! 우리 나가서 눈 내린 풍경 사진 좀 찍자.

남: 오늘은 교통이 복잡할 테니까, 출근할 때 차가 막혀서 지각하지 않도록 주의해야 해. 우리 좀 일찍 출발하는 게 좋겠어.

질문: 남자는 무엇을 하려고 하는가?

시크릿 还是…吧(~하는 것이 낫다)의 표현에 주의!

해설 녹음에서 拍照片(사진을 찍다)이라고 한 것을 듣고 답이 B라고 혼동할 수 있다. 하지만 사진을 찍자고 한 사람은 여자고, 남자는 차가 막힐 테니 좀 일찍 출근하자고 말했으므로, 남자가 하려는 일은 출근하는 것(上班)이다.

단어 拍 pāi 동 (사진을) 찍다 | 照片 zhàopiàn 명 사진 | 下雪 xiàxuě 동 눈이 내리다 | ★ 紧张 jǐnzhāng 형 급박하다, 긴박하다 | 堵车 dǔchē 동 교통이 꽉 막히다 | 迟到 chídào 동 지각하다 | 还是 háishi 부 ~하는 편이 좋다

18 day p.66

01

A 出差	B 旅行	A 출장을 간다	B 여행을 간다
C 留学	D 做生意	C 유학을 간다	D 사업을 한다

S1
S2

女：好久不见，最近在忙什么呢？

男：我在忙签证准备出国。

女：你的生意不是做得很好吗？怎么突然想出国留学啊？

男：你误会了，我是去旅游。

问：男的为什么要出国？

여: 오랜만이네, 요즘 무슨 일로 바빠?

남: 출국하는 것 때문에 비자 준비로 바빠.

여: 너 사업이 잘 되지 않아? 어떻게 갑자기 유학 갈 생각을 했어?

남: 오해했구나, 나 여행 가는 거야.

질문: 남자는 왜 출국하는가?

해설 녹음에서 留学(유학하다), 旅游(여행하다)라는 두 가지 동작이 나왔다. 여자는 남자가 유학을 간다고 오해했고, 남자는 출국하는 이유가 여행이라고 했으므로, 답은 B가 된다. 녹음에서 旅游라고 들린 단어가 보기에는 旅行 (여행하다)으로 바뀌어 제시되었다.

단어 出差 chūchāi 통 출장 가다 | 留学 liúxué 통 유학하다 | 忙 máng 통 ~를 준비하다, 서두르다 | 签证 qiānzhèng 명 비자 | ★ 准备 zhǔnbèi 통 준비하다 | 生意 shēngyi 명 사업 | ★ 突然 tūrán 부 갑자기 | ★ 误会 wùhuì 통 오해하다 | ★ 旅游 lǚyóu 통 여행하다

02

A 安静	B 写总结	A 조용하라고	B 총결산을 쓰라고
C 做市场调查	D 去外地出差	C 시장조사를 하라고	D 외지로 출장 가라고

S1

女: 今天怎么这么安静?
男: 刚才经理让我写篇总结，正琢磨要怎么写才好。
女: 总结? 哪方面的?
男: 快年底了，市场方面的。

问: 经理让男的做什么?

여: 오늘 왜 이렇게 조용해?
남: 방금 사장님이 나한테 총결산을 쓰라고 하셔서, 어떻게 쓰면 좋을지 생각하고 있어.
여: 총결산? 어떤 분야의?
남: 곧 연말이라서, 시장 분야야.

질문: 사장님은 남자에게 무엇을 하라고 했는가?

해설 이 문제는 정답인 단어가 직접 언급되는 문제로, 남자가 하는 말만 잘 들어도 쉽게 답을 고를 수 있다. 남자는 사장님이 자신에게 총결산을 쓰라고 하셨다고 했으므로, 답은 B가 된다.

단어 ★ 安静 ānjìng 형 조용하다 | 总结 zǒngjié 명 총결산 | 琢磨 zuómo 통 깊이 생각하다, 궁리하다

03

A 拿书	B 修车	A 책을 가지러	B 차를 수리하러
C 倒垃圾	D 买塑料袋	C 쓰레기를 버리러	D 비닐봉지를 사러

S1
S2

女: 我新买的书呢? 你看见了吗?
男: 在那个塑料袋里。
女: 哪儿有塑料袋啊? 这儿没有啊。
男: 嗨，我这记性真差，我把塑料袋忘在车里了。
女: 那我下楼去拿吧。

问: 女的做什么去了?

여: 내가 새로 산 책은 어디 있지? 너 봤어?
남: 그 비닐봉지 안에 있어.
여: 비닐봉지가 어디에 있어? 여기에는 없어.
남: 아, 나 기억력 정말 안 좋다. 깜빡하고 비닐봉지를 차 안에 두고 왔네.
여: 그럼 내가 내려가서 가져올게.

질문: 여자는 무엇을 하러 갔는가?

해설 여자는 책이 어디에 있는지 찾고 있고, 남자는 책이 비닐봉지 안에 있다고 했다. 마지막에 여자는 자기가 가지고 오겠다고 했으므로, 여자가 책을 가지러 간다는 것을 알 수 있다. 녹음에 塑料袋(비닐봉지)라는 말이 계속 나와서 D를 답으로 혼동할 수 있지만, 지금 여자는 책을 찾기 위해 봉지를 찾는 것이므로 답이 될 수 없다.

단어 拿 ná 통 (손으로) 잡다, (손에) 쥐다 | 垃圾 lājī 명 쓰레기 | 塑料袋 sùliàodài 명 비닐봉지 | 记性 jìxing 명 기억력 | 差 chà 형 나쁘다, 좋지 않다 | 忘 wàng 통 잊다 | 下楼 xiàlóu 통 내려가다

<table>
<tr><td>

04

S1

A 给女的纸
B 让女的出去
C 允许女的出去
D 在黑板上写题

</td><td>

A 여자에게 종이를 준다
B 여자를 내보낸다
C 여자가 나가는 것을 허락한다
D 칠판에 문제를 쓴다

</td></tr>
</table>

男: 数学考试开始，请大家现在开始答题。
女: 老师，这是什么? 我看不清楚。
男: 一会儿我写在黑板上。你先做别的题。
女: 好的，谢谢您。

问: 老师将要做什么?

남: 수학 시험을 시작합니다. 모두들 지금부터 문제 풀기 시작하세요.
여: 선생님, 이게 뭐예요? 잘 안 보여요.
남: 좀 있다가 칠판에 써줄게요. 다른 문제부터 풀어요.
여: 알겠습니다. 감사합니다.

질문: 선생님은 곧 무엇을 할 것인가?

시크릿 들리는 내용 그대로에 집중!

해설 문제가 안 보인다는 학생의 말에 남자는 조금 있다 칠판에 써주겠다고 했으므로, 답은 D가 된다.

단어 纸 zhǐ 몡 종이 | 允许 yǔnxǔ 통 허락하다 | 黑板 hēibǎn 몡 칠판 | 数学 shùxué 몡 수학 | 考试 kǎoshì 몡 시험 | 答题 dátí 통 문제를 풀다 | ★ 清楚 qīngchu 혱 뚜렷하다, 명백하다

---

19 day p.70

<table>
<tr><td>

01

S1
S3

A 运气不好
B 奖金发过了
C 不可能发奖金
D 西边的太阳最美

</td><td>

A 운이 안 좋다
B 보너스가 이미 나왔다
C 보너스가 나올 수 없다
D 서쪽의 태양이 가장 예쁘다

</td></tr>
</table>

女: 今年你们公司发奖金了吗?
男: 太阳会从西边儿出来吗?

问: 男的是什么意思?

여: 올해 너희 회사에서는 보너스 나왔니?
남: 해가 서쪽에서 뜬다니?

질문: 남자의 말은 무슨 뜻인가?

시크릿 관용어 太阳从西边儿出来(해가 서쪽에서 뜨다)의 쓰임에 주의!

해설 이 문제는 들리는 그대로 답을 고르는 것이 아니라, 말의 속 뜻을 이해하고 있어야 풀 수 있는 문제다. 해가 서쪽에서 뜬다는 말은 일어날 수 없는 일이라는 의미이므로, 답은 C가 된다.

단어 运气 yùnqi 몡 운, 운수 | 奖金 jiǎngjīn 몡 보너스, 상여금 | 发 fā 통 건네주다, 교부하다

<table>
<tr><td>

02

S1
S2

A 太远了　　B 菜太贵
C 太随便　　D 菜很好吃

</td><td>

A 너무 멀다　　B 음식이 너무 비싸다
C 너무 제멋대로다　　D 음식이 매우 맛있다

</td></tr>
</table>

男: 那个饭馆离咱们学校也太远了，我们别去了，随便吃点就行了。
女: 那还算远啊? 主要是他们家的菜味道好，价格还不贵。

问: 女的觉得那家饭馆怎么样?

남: 그 음식점은 우리 학교에서도 너무 멀어. 우리 가지 말고 아무거나 먹자.
여: 그게 먼 거야? 중요한 것은 그 집 음식이 맛있고, 가격도 비싸지 않다는 거잖아.

질문: 여자는 그 음식점이 어떻다고 생각하는가?

해설 녹음에 나온 味道好는 맛이 좋다는 의미로, D의 很好吃와 같은 의미다.

단어 ★ 随便 suíbiàn 휑 제멋대로다 퇴 아무렇게나, 마음대로 | ★ 主要 zhǔyào 휑 주요한, 주된 | 味道 wèidao 뗑 맛 | 价格 jiàgé 뗑 가격

03

| A 别去 | B 迟到 | A 가지 마라 | B 지각해라 |
| C 早点到 | D 按时到达 | C 일찍 도착해라 | D 제때에 도착해라 |

S1 男: 明天的会议很重要, 你千万不要迟到!
S2 女: 我知道, 别操心了! 我一定会准时到的!

问: 男的希望女的怎么样?

남: 내일 회의는 매우 중요하니, 너 절대로 늦으면 안 돼!
여: 알아, 걱정하지 마! 꼭 제때에 도착할 테니!

질문: 남자는 여자가 어떻게 하길 바라는가?

해설 남자는 여자에게 늦지 말라고 했으므로, 제때에 도착하기를 바란다는 것을 알 수 있다. 따라서 답은 D가 된다. 여자가 한 말에서 准时到(제때 도착하다)라는 말이 보기에서 按时到达로 바뀌어 나왔다.

단어 迟到 chídào 됨 지각하다 | 到达 dàodá 됨 도착하다, 도달하다 | 会议 huìyì 뗑 회의 | ★ 千万 qiānwàn 퇴 절대로, 반드시 | ★ 操心 cāoxīn 됨 걱정하다 | ★ 准时 zhǔnshí 퇴 제때에, 정시에

04

| A 诚实 | B 很粗心 | A 성실해서 | B 세심하지 못해서 |
| C 不马虎 | D 能吃苦 | C 조심성이 있어서 | D 고생을 견딜 줄 알아서 |

S1 女: 你对小王的印象如何?
S2 男: 他的优点是有礼貌、诚实、能吃苦，就是太马虎、太粗心了，不适合我们的工作。

问: 小王为什么被拒绝了?

여: 샤오왕의 인상은 어때?
남: 그의 장점은 예의 바르고, 성실하고, 고생을 견딜 줄 안다는 것인데, 다만 너무 조심성이 없고 세심하지 못해서 우리 일에는 적합하지 않아.

질문: 샤오왕은 왜 거절당했는가?

해설 A와 D는 녹음에서 언급된 내용이지만 샤오왕의 장점이므로, 샤오왕이 거절당한 이유가 될 수 없다. C는 녹음 내용과 반대되므로, 답은 B가 된다. 여기서 就是는 범위를 제한하는 부사이므로, 뒤에 나오는 내용에 주목해야 한다.

단어 诚实 chéngshí 휑 성실하다 | ★ 粗心 cūxīn 휑 세심하지 못하다 | ★ 马虎 mǎhu 휑 조심성이 없다, 세심하지 못하다 | 吃苦 chīkǔ 됨 고생하다 | 印象 yìnxiàng 뗑 인상 | ★ 如何 rúhé 때 어떠한가 | 优点 yōudiǎn 뗑 장점 | 礼貌 lǐmào 휑 예의 바르다 | 就是 jiùshì 퇴 다만 ~뿐이다 | ★ 适合 shìhé 됨 적합하다, 부합하다

01

A 凑合	B 不错
C 非常好	D 谁也不知道

A 그런대로 한다	B 잘한다
C 매우 잘 친다	D 아무도 모른다

S1 S2

男：你换球鞋干什么? 又要去哪儿啊?

女：去打网球。我约了小王。他打网球很厉害，你敢和他打吗?

男：当然敢。

女：那一起去，看看你究竟能不能赢。走吧，人多了还热闹。

问：小王的网球打得怎么样?

남: 너 뭐 하려고 운동화로 갈아 신어? 또 어디 가려고?

여: 테니스 치러 갈 거야. 샤오왕이랑 약속했어. 그는 테니스를 굉장히 잘 쳐, 너 걔랑 칠 자신 있어?

남: 당연하지.

여: 그럼 같이 가, 대체 네가 이길 수 있는지 좀 보자구. 가자, 사람이 많으면 더 흥이 나잖아.

질문: 샤오왕의 테니스 실력은 어떠한가?

시크릿 동의어에 주의!

해설 녹음에 나온 厉害는 정도를 나타내는 말로, 그가 테니스를 치는 정도가 '대단하다, 굉장하다'는 의미를 나타낸다. C의 非常好 역시 비슷한 뜻을 나타내기 때문에, 답은 C가 된다.

단어 凑合 còuhe 图 아쉬운 대로 하다, 그런대로 하다 | 球鞋 qiúxié 图 운동화 | 网球 wǎngqiú 图 테니스 | ★ 厉害 lìhai 图 대단하다, 굉장하다 | 敢 gǎn 조图 감히 ~하다 | ★ 究竟 jiūjìng 图 도대체 | 赢 yíng 图 이기다 | 热闹 rènao 图 시끌벅적하다

02

A 要注意	A 주의해야 한다
B 复习重点	B 중요한 것을 복습한다
C 多做练习	C 많이 연습해야 한다
D 要集中精神	D 정신을 집중해야 한다

S1 S2

男：复习得怎么样了?

女：这本书也太厚了，我看我是不可能看完了。

男：要有信心，复习也有技巧，要注意重点内容。

女：只好这样了，这些语法知识太难了。

问：男的认为应该怎么复习?

남: 복습하는 건 어때?

여: 이 책도 너무 두꺼워서, 다 보지는 못할 것 같아.

남: 자신감을 가져. 복습도 테크닉이 있거든. 중요한 내용을 주의해서 봐.

여: 그럴 수 밖에 없겠어. 이 어법 지식들은 너무 어렵거든.

질문: 남자는 어떻게 복습해야 한다고 생각하는가?

시크릿 남자의 말에 집중!

해설 남자가 한 말 중에 복습하는 테크닉에 대해 얘기한 것은 중요한 부분을 주의해서 보라는 말이었으므로, 답은 B가 된다.

단어 ★ 注意 zhùyì 图 주의하다 | 复习 fùxí 图 복습하다 | 厚 hòu 图 두껍다 | 信心 xìnxīn 图 자신감 | 技巧 jìqiǎo 图 기교, 테크닉 | 内容 nèiróng 图 내용 | 只好 zhǐhǎo 图 부득이, 할 수 없이 | 语法 yǔfǎ 图 어법

03

S1
S2

A 不严重
B 害怕打针
C 讨厌吃药
D 已经好了

A 심각하지 않아서
B 주사 맞기를 무서워해서
C 약 먹는 것을 싫어해서
D 이미 나아져서

女: 你的感冒怎么还没好，去医院看看吧。
男: 不去，已经快好了，吃点药就行了。
女: 关键是你吃了药也没好啊。
男: 不去，说实话吧，其实我是怕打针。

问: 男的为什么不去医院?

여: 감기가 왜 낫질 않아? 병원에 가서 진찰 받아봐.
남: 안 가. 이미 거의 나았어. 약 좀 먹으면 돼.
여: 중요한 건 네가 약을 먹었는데도 낫질 않았다는 거야.
남: 안 가. 솔직히 말하면 난 주사 맞기가 무서워서 그래.

질문: 남자는 왜 병원에 가지 않는가?

시크릿 怕打针(주사 맞기를 무서워하다)에 주의!

해설 이 문제는 들리는 그대로 답을 고르면 되는 문제로 남자가 怕打针(주사 맞기를 무서워하다)이라고 했으므로, B를 답으로 고르면 된다. 녹음에서 怕(무서워하다)라고 언급된 것이 보기에는 1음절 더해져서 害怕라고 제시되었다.

단어 ★ 严重 yánzhòng 📷 심각하다, 중대하다 | 害怕 hàipà 📷 두려워하다, 무서워하다 | 打针 dǎzhēn 📷 주사를 맞다, 주사를 놓다 | 药 yào 📷 약 | 感冒 gǎnmào 📷 감기 | ★ 关键 guānjiàn 📷 관건, 키포인트 | 实话 shíhuà 📷 솔직한 말 | ★ 其实 qíshí 📷 사실

04

S1
S2

A 撞车了   B 受伤了
C 路上堵车   D 还能开车

A 차량이 충돌했다   B 다쳤다
C 길이 막혔다   D 계속 운전할 수 있다

男: 你不是11点就出发了，难道路上花了一个半小时?
女: 我半路上跟别的车撞上了，所以又去修车了。
男: 啊? 严重吗? 你怎么那么不小心?
女: 没事，不严重，就是把车门擦坏了，但恐怕一个星期都不能开车了。

问: 关于女的可以知道什么?

남: 너 11시에 출발하지 않았어? 설마 길에서 1시간 반이나 걸린 거야?
여: 오는 길에 다른 차와 부딪쳐서, 차를 또 수리하러 갔었어.
남: 뭐? 심각해? 너 왜 그렇게 조심하지 않았어?
여: 별일 아니야, 심각하지 않아. 차 문이 좀 긁혔을 뿐이야. 그런데 아마 일주일 정도는 운전 못 할 것 같아.

질문: 여자에 관해서 알 수 있는 것은?

시크릿 撞(부딪치다)에 주의!

해설 여자는 오는 길에 다른 차와 부딪쳤다(撞)고 했으므로 답은 A가 된다. 마지막에 여자가 일주일 정도 운전하지 못할 것 같다고 했으므로, D는 녹음 내용과 일치하지 않는다.

단어 撞 zhuàng 📷 부딪치다 | 受伤 shòushāng 📷 상처를 입다, 부상을 당하다 | 堵车 dǔchē 📷 교통 체증 | ★ 难道 nándào 📷 설마 ～인가 | 修 xiū 📷 수리하다 | ★ 严重 yánzhòng 📷 심각하다 | 擦 cā 📷 마찰하다, 긁다 | ★ 恐怕 kǒngpà 📷 아마 ～일 것이다

01

S1
S3

A 不用来接
B 让女的请假
C 一个人回不了家
D 不知道火车几点到

A 데리러 올 필요 없다
B 여자한테 휴가를 내라고 한다
C 혼자서 집에 돌아갈 수 없다
D 기차가 몇 시에 도착하는지 모른다

女：喂，你火车几点到？我请个假，去接你。
男：不用请假来接我，我没带什么行李，自己能回家。

问：男的是什么意思？

여: 여보세요, 기차 몇 시에 도착해? 내가 휴가 내고 데리러 갈게.
남: 휴가 내면서까지 나를 데리러 올 필요 없어. 짐도 별로 없고, 혼자 집에 갈 수 있어.

질문: 남자의 말은 무슨 뜻인가?

시크릿 남자의 말에 집중!

해설 남자는 휴가를 내면서까지 데리러 올 필요 없다면서 혼자 집에 갈 수 있다고 말했으므로, 답은 A가 된다. B와 C는 녹음 내용과 반대되므로 답이 될 수 없다.

단어 接 jiē 통 맞이하다, 마중하다 | 请假 qǐngjià 통 휴가를 신청하다 | 行李 xíngli 명 짐

02

S1
S3

A 负责
B 很专业
C 过于认真
D 符合要求

A 책임감이 있다
B 매우 전문적이다
C 지나치게 열심히 한다
D 요구에 부합된다

男：这件工作让小刘负责怎么样？
女：我觉得挺合适的，他就是这个专业的，做事情也很认真。

问：女的觉得小刘怎么样？

남: 이 일은 샤오류에게 맡기는 게 어때?
여: 내 생각에 아주 적합할 것 같아. 그는 이 분야 전공이고, 일도 열심히 해.

질문: 여자는 샤오류가 어떻다고 생각하는가?

시크릿 동의어에 주의!

해설 여자는 샤오류에게 이 일을 맡기는 것이 적합하다고 생각했으므로, 답은 D가 된다. 合适(적합하다)가 符合(부합하다)와 비슷한 의미라는 것을 알고 있다면 쉽게 풀 수 있는 문제다.

단어 ★负责 fùzé 형 책임감이 있다 | 专业 zhuānyè 명 전공 | 认真 rènzhēn 형 착실하다, 성실하다 | ★合适 héshì 형 적합하다, 알맞다

03

S1
S2

A 成熟　　　B 幽默
C 长得帅　　D 体贴人

A 성숙한 사람　　B 유머감각이 있는 사람
C 잘생긴 사람　　D 자상한 사람

男：你怎么就看不上小张呢？他又成熟又体贴。
女：可是他一点儿也不幽默，约会的时候别提多无聊了。

问：女的喜欢什么样的人？

남: 넌 왜 샤오장이 마음에 안드니? 그는 성숙하고 자상해.
여: 하지만 그는 유머감각이 조금도 없어. 데이트할 때 얼마나 지루한지 말도 마.

질문: 여자는 어떤 사람을 좋아하는가?

해설 一点儿也不…는 '조금도 ~않다'라는 의미로, 샤오장에게는 유머감각이 조금도 없다는 의미를 강조한다. 또한 别提…了는 '말할 것도 없이 ~하다(매우 ~하다)'라는 의미로, 샤오장을 만날 때마다 너무 지루했다는 뜻이다. 따라서 여자가 좋아하는 사람은 샤오장과는 반대로 유머감각이 있는 사람이라는 것을 알 수 있다. A나 D도 녹음에서 언급된 단어지만, 이 단어들은 샤오장에 대한 설명일 뿐, 여자가 좋아하는 스타일이라고는 할 수 없다.

단어 成熟 chéngshú 園 성숙하다 | 幽默 yōumò 園 유머러스하다 | 体贴 tǐtiē 園 자상하게 돌보다 | ★ 别提 biétí 말도 마라 | 无聊 wúliáo 園 지루하다

04

S3

A 身体不舒服	A 몸이 불편하다
B 逛街非常累	B 쇼핑하는 것은 대단히 힘들다
C 逛街很有意思	C 쇼핑하는 것은 매우 재미있다
D 女的逛街速度太快	D 여자는 쇼핑 속도가 너무 빠르다

女: 我们再去那边的商店看看吧。

男: 你还想再看? 和你逛街, 比上班还辛苦。

问: 男的现在是什么感觉?

여: 우리 저쪽 상점에 더 가보자.

남: 너 아직도 더 보고 싶어? 너랑 쇼핑하는 건 출근하는 것보다 더 힘들어.

질문: 남자는 지금 어떤 심정인가?

해설 남자가 한 말은 출근하는 것도 힘들지만, 여자와 함께 쇼핑하는 것은 더 힘들다는 의미다. 따라서 답은 B가 되며, 녹음에서의 辛苦(고되다)는 보기에서 累(피곤하다)로 표현되었다.

단어 舒服 shūfu 園 편하다, 안락하다 | 逛街 guàngjiē 園 쇼핑하다 | 速度 sùdù 園 속도 | 商店 shāngdiàn 園 상점 | 辛苦 xīnkǔ 園 고되다, 힘들다

---

22 day p. 75

01

S1
S3

| A 穷 | B 没房 | A 가난하다 | B 집이 없다 |
| C 个子矮 | D 找不到对象 | C 키가 작다 | D 애인을 구하지 못했다 |

男: 他为什么这么多年也不结婚?

女: 找不到合适的女孩儿。

男: 他不是挺有钱的吗? 还有两套房。

女: 嗨, 他不是个子太矮了吗? 哪个女孩儿愿意呀?

问: 那个人为什么一直没结婚?

남: 그는 왜 이렇게 오랫동안 결혼을 안 했대?

여: 적당한 여자를 구하지 못해서지.

남: 그 사람 돈이 굉장히 많지 않아? 집도 두 채나 있고.

여: 어휴, 그는 키가 너무 작잖아, 어떤 여자가 원하겠어?

질문: 그 사람은 왜 여태껏 결혼하지 않았는가?

해설 남자와 여자는 제3자에 대해 얘기하고 있다. 그 사람은 돈도 많고 집도 있는데, 키가 너무 작아서 아직까지 결혼을 못했다는 내용이므로 답은 C가 된다. 적당한 상대를 찾지 못했다는 말에서 답이 D라고 혼동할 수 있지만, 상대를 찾지 못한 것 역시 키가 너무 작아서이므로, 결혼하지 않은 근본적인 이유가 될 수는 없다.

단어 穷 qióng 園 가난하다 | 个子 gèzi 園 키 | 矮 ǎi 園 키가 작다 | 对象 duìxiàng 園 애인, 결혼상대 | 结婚 jiéhūn 園 결혼하다 | 合适 héshì 園 적합하다, 어울리다 | 挺 tǐng 園 매우 | 套 tào 園 집, 가구 등 세트를 세는 양사 | 愿意 yuànyì 園 원하다

02

| A 源头 | B 风景 |
| C 长度 | D 流经的省市 |

| A 발원지 | B 풍경 |
| C 길이 | D 지나가는 성과 도시 |

S1

男：小兰，你有中国地图吗?
女：没有，你要地图做什么?
男：我想看看黄河都经过了哪些省市。你知道吗?
女：不知道，不过上网一查不就知道了吗?
男：那不一样。

问：男的想了解黄河的什么?

남: 샤오란, 중국 지도 있어?
여: 없어. 뭐 하려고 지도가 필요해?
남: 황허 강이 어느 성과 도시를 지나는지 좀 보고 싶어서. 너는 아니?
여: 몰라. 하지만 인터넷으로 찾아보면 바로 알 수 있지 않을까?
남: 그건 다르지.

질문: 남자는 황허 강의 무엇을 알고 싶어 하는가?

시크릿 남자의 말에 집중!

해설 经过는 '통과하다, 지나다'라는 의미로, 남자는 지금 황허 강이 어느 성과 도시를 지나는지 알고 싶어서 지도를 찾고 있다. 따라서 답은 D가 된다.

단어 源头 yuántóu 몡 발원지, 근원 | 长度 chángdù 몡 길이 | 流经 liújīng 동 (고정된 경로를) 지나다 | 地图 dìtú 몡 지도 | 经过 jīngguò 동 지나다, 통과하다 | 上网 shàngwǎng 동 인터넷을 하다 | 查 chá 동 조사하다

03

A 减肥
B 聊天
C 停电了
D 电梯坏了

A 살을 빼려고
B 이야기하려고
C 정전이라서
D 엘리베이터가 고장 나서

S1
S3

男：我们爬了多少层了? 可以了吧?
女：不行，才6层，我们得爬到15层，要不没用。
男：啊，可是我现在就没劲儿了。
女：想减肥，就要坚持，我们先休息休息再爬。

问：他们为什么爬楼梯?

남: 우리 몇 층 올라왔어? (이 정도면) 된 거지?
여: 아니야, 겨우 6층이야. 우리는 15층까지 올라가야 해. 그렇지 않으면 소용 없어.
남: 아, 그런데 난 지금 힘이 하나도 없어.
여: 살을 빼고 싶으면, 계속 해야 해. 우리 우선 좀 쉬고 다시 올라가자.

질문: 그들은 왜 계단을 오르는가?

시크릿 여자의 말에 집중!

해설 여자가 减肥(살을 빼다)라고 얘기한 것을 들었다면, 두 사람이 살을 빼기 위해서 계단을 오르고 있다는 것을 알 수 있다. 减肥라는 단어를 듣지 못하고 계단을 오르고 있는 상황만을 생각해서 C나 D와 같은 답을 고르지 않도록 해야 한다.

단어 ★ 减肥 jiǎnféi 동 살을 빼다 | 停电 tíngdiàn 동 정전되다 | 电梯 diàntī 몡 엘리베이터 | 爬 pá 동 오르다 | ★ 没劲儿 méijìnr 동 힘이 없다 | ★ 坚持 jiānchí 동 지키다, 견지하다

<table>
<tr><td>

04

A 不难   B 很轻松
C 没希望   D 不顺利

</td><td>

A 어렵지 않다   B 수월했다
C 희망이 없다   D 순조롭지 않다

</td></tr>
</table>

S1
S2

男：昨天的面试怎么样？顺利吗？

女：还行，他们问的问题都挺容易的，不过当时有点紧张。

男：什么时候可以知道结果？

女：就这两天吧，他们会打电话通知。

问：女的觉得面试怎么样？

남: 어제 면접 어땠어? 순조로웠어?

여: 그런대로 괜찮았어. 그들이 질문한 문제는 무척 쉬웠는데, 그때는 좀 긴장했어.

남: 언제 결과를 알 수 있어?

여: 요 며칠 내에 알 수 있을걸. 그쪽에서 전화로 통보할 거야.

질문: 여자는 면접이 어떻다고 생각하는가?

시크릿 동의어에 주의!

해설 여자가 挺容易(무척 쉽다)라고 말했으므로, 답은 A의 不难(어렵지 않다)으로 선택할 수 있다. 순조로웠냐는 남자의 물음에 여자가 그런대로 괜찮았다고 했으므로, 면접이 순조롭지 않았다는 것은 아니다.

단어 轻松 qīngsōng 휑 수월하다 | 希望 xīwàng 휑 희망 | 顺利 shùnlì 휑 순조롭다 | 面试 miànshì 휑 면접시험 | ★ 紧张 jǐnzhāng 휑 긴장하다, 불안하다 | 结果 jiéguǒ 휑 결과 | 通知 tōngzhī 통 통지하다, 알리다

23 day　p.82

[01-02]

有个人看见一个孩子在路边哭，就走过去问他为什么哭。¹孩子说，刚才不小心丢了5块钱。见孩子那么难过，²那个人就拿出5块钱送给他。没想到，孩子哭得更难过了。那个人很奇怪，就问："我刚才不是给你5块钱了吗？为什么还哭呢？"孩子回答："如果没丢那5块钱，我现在已经有10块了。"

어떤 사람이 한 아이가 길에서 우는 것을 보고 아이에게 다가가 왜 우냐고 물어보았다. ¹아이는 방금 실수로 5위안을 잃어버렸다고 말했다. 아이가 그토록 속상해 하는 것을 보고 ²그는 아이에게 5위안을 꺼내 주었다. 그러나 예상과는 달리 아이가 더 슬프게 우는 것이었다. 그는 이상하다 싶어 아이에게 물었다. "내가 방금 너에게 5위안을 주지 않았니? 그런데 왜 아직도 우니?" (그러자) 아이는 "만약 제가 그 5위안을 잃어버리지 않았더라면, 지금 저는 10위안이 있을 것 아니에요."라고 대답했다.

단어 哭 kū 图 울다 | 丢 diū 图 잃어버리다 | ★ 难过 nánguò 图 괴롭다. 슬프다 | ★ 奇怪 qíguài 图 이상하다. 의아하다 | 刚才 gāngcái 图 방금 | 回答 huídá 图 대답하다

01

A 丢了5块钱	A 5위안을 잃어버려서
B 找不到妈妈	B 엄마를 찾지 못해서
C 被爷爷批评了	C 할아버지한테 꾸중을 들어서
D 想找别人要5块钱	D 다른 사람에게 5위안을 달라고 하려고
问: 那个孩子为什么哭?	질문: 그 아이는 왜 우는가?

시크릿 为什么哭(왜 우느냐) 다음에 나오는 아이의 대답에 집중!

해설 지나가는 사람이 아이한테 왜 우느냐고 물어봤더니 아이는 5위안을 잃어버렸다고 대답했으므로 아이는 돈을 잃어버려서 울고 있었다는 것을 알 수 있다. 행인이 아이에게 5위안을 주었다는 말을 듣고 D가 답이라고 혼동할 수 있지만 아이가 처음부터 그 사람이 5위안을 주었으면 좋겠다고 생각해서 운 것은 아니므로 답이 될 수 없다.

단어 找 zhǎo 图 찾다 | 被 bèi 전 ~에 의해 | 爷爷 yéye 图 할아버지 | 批评 pīpíng 图 꾸짖다. 질책하다 | 别人 biéren 때 다른 사람

02

A 5块	B 10块	A 5위안	B 10위안
C 20块	D 100块	C 20위안	D 100위안
问: 那个孩子现在有多少钱?		질문: 그 아이는 지금 얼마를 가졌는가?	

시크릿 들리는 숫자의 연관관계에 집중!

해설 아이가 마지막에 얘기한 10위안이라는 단어를 듣고 지금 아이에게 10위안이 있다고 혼동할 수 있지만, 아이의 말은 처음에 5위안을 잃어버리지 않았다면 지금 받은 5위안까지 더해서 10위안이 있었을 것이라는 의미이므로, 현재 아이에게 있는 돈은 5위안뿐이다. 녹음 지문이 길어지면 집중력이 흐트러질 수 있으므로, 마지막에 혼동되는 함정 단어가 나올 수 있다. 그러므로 녹음 내용을 메모하면서 들어야 더 쉽게 문제를 풀 수 있다.

[03-04]

<table>
<tr><td>

　　一对男女朋友去和平门，[3] 因为他们是第一次去，不知道路，男的说应该往东，女的坚持说应该往西。后来他俩吵了起来。刚好有一个人路过看见了，那个人就对男的说：[4] "如果你要去和平门，就向东走，如果你要女朋友，就向西走。"

</td><td>

　　한 연인이 허핑먼에 가는데, [3] 그들은 그곳에 처음 가는 것이었기 때문에 길을 잘 몰랐다. 남자는 동쪽으로 가야 한다고 말하고, 여자는 계속 서쪽으로 가야 한다고 고집하다가 끝내는 서로 말다툼을 하기 시작했다. 마침 한 사람이 길을 지나다 (이 연인을) 보고는 남자에게 말했다. [4] "만일 허핑먼으로 가려면 동쪽으로 가고, 여자친구를 원한다면 서쪽으로 가세요."

</td></tr>
</table>

단어 往 wǎng 젠 ~ 쪽으로, ~을 향해 | ★ 坚持 jiānchí 통 고수하다, 고집하다 | 吵 chǎo 통 말다툼하다

03

A 感情	A 감정 때문에
B 和平	B 평화 때문에
C 花钱	C 돈 쓰는 것 때문에
D 方向	D 방향 때문에

问: 他们俩为什么吵架?　　質問: 그 두 사람은 왜 싸웠는가?

시크릿 접속사 因为(~때문에) 이하의 말에 집중!

해설 두 사람이 가자고 하는 방향이 각각 달라서 결국 싸우게 되었다고 했으므로, 답은 D다. 녹음에서 말한 和平门(허핑먼)은 지명으로, 和平(평화)이라는 단어만 듣고 B를 답으로 고르는 실수를 해서는 안 된다.

단어 感情 gǎnqíng 명 감정 | 和平 hépíng 명 평화 | 花钱 huāqián 통 (돈을) 쓰다, 소비하다 | 方向 fāngxiàng 명 방향 | 俩 liǎ 준 두 개, 두 사람 | 吵架 chǎojià 통 다투다

04

A 该向东走	A 동쪽으로 가야 한다
B 不要吵架	B 싸우지 말아야 한다
C 女朋友知道路	C 여자친구가 길을 안다
D 女朋友最重要	D 여자친구가 제일 중요하다

问: 过路人的话是什么意思?　　質問: 행인의 말은 무슨 뜻인가?

시크릿 마지막 행인의 말에 집중!

해설 마지막에 행인이 한 말은 지금 허핑먼으로 가는 것보다 여자친구가 더 소중하다는 말이다. 허핑먼으로 가려면 동쪽으로 가라는 말을 듣고 A가 답이라고 혼동할 수 있지만, 행인이 남자에게 정말 하고 싶은 말은 '당신에게 여자친구가 더 중요할 것'이라는 의미이므로, 답은 D다.

단어 该 gāi 조동 마땅히 ~해야 한다 | 不要 búyào 부 ~하지 마라 | 重要 zhòngyào 형 중요하다 | 过路人 guòlùrén 명 행인

[01-02]

有个人出名之前对穿着不讲究，很随便，¹朋友对他说，应该买件漂亮的大衣。他笑着回答："我又没有名，穿得再漂亮也没人认识我。"²几年后，出了名的他，穿得仍然很随意，朋友又提醒他，快去做件漂亮的大衣，他还是笑着回答："现在即使穿得再随意，还是会²有很多人认识我。"

어떤 사람이 유명해지기 전에 옷차림에 신경을 쓰지 않고 아무렇게나 입고 다니자, ¹친구가 그에게 근사한 외투를 한 벌 사라고 말했다. 그는 "내가 유명하지도 않은데, 아무리 잘 입어도 아무도 내가 누군지 모르잖아."라고 웃으며 대답했다. ²몇 년이 흐르고 유명해진 그는 여전히 옷을 마음대로 입고 다녔고, 친구는 어서 근사한 외투를 해 입으라고 다시 귀띔했다. 그는 이번에도 웃으며 "지금은 설령 옷을 아무렇게나 입어도 ²날 알아보는 사람이 많아."라고 대답했다.

단어 穿着 chuānzhuó 몡 옷차림 | 讲究 jiǎngjiu 통 ~에 신경 쓰다, 중요시하다 | ★ 随便 suíbiàn 툉 제멋대로다, 함부로 하다 | ★ 仍然 réngrán 틘 여전히, 아직도 | 随意 suíyì 툉 뜻대로 하다, 마음대로 하다 | ★ 提醒 tíxǐng 통 일깨우다, 경고하다 | 即使 jíshǐ 젭 설령 ~하더라도 | 认识 rènshi 통 알다, 인식하다

01

A 不要骄傲	A 거만하면 안 된다
B 买件大衣	B 외투를 사라
C 快点出名	C 빨리 유명해져라
D 不要忘记过去	D 과거를 잊지 마라
问: 朋友对他说什么了?	질문: 친구는 그에게 뭐라고 말했는가?

S1 S2 S3

시크릿 친구가 한 말에 집중!

해설 친구는 그에게 가서 외투를 사 입으라고 말했으므로, 답은 B가 된다. 出名(유명하다)이라는 단어가 자주 들려서 C가 답이라고 혼동할 수도 있지만, 그는 나중에 유명해진 것이지 친구가 그에게 빨리 유명해지라고 얘기한 것은 아니었다.

단어 骄傲 jiāo'ào 툉 거만하다 | 大衣 dàyī 몡 외투 | 出名 chūmíng 톙 유명하다 | 过去 guòqù 몡 과거

02

A 原来很穷	A 원래 매우 가난했다
B 喜欢打扮	B 치장하는 것을 좋아한다
C 成了名人	C 유명한 사람이 되었다
D 喜欢漂亮大衣	D 근사한 외투를 좋아한다
问: 关于那个人可以知道什么?	질문: 이 사람에 관해서 알 수 있는 것은?

S1 S3

시크릿 녹음에서 언급된 보기에 표시해두기!

해설 그는 나중에 유명해져서도 계속 똑같이 옷을 입고 다녔다고 했으므로, 답은 C가 된다. 그가 옷을 아무렇게나 입고 다닌 것이 옷을 살 돈이 없었기 때문인지는 언급되지 않았기 때문에 A는 답이 될 수 없다.

단어 穷 qióng 톙 가난하다 | 打扮 dǎban 몡 치장, 단장 | 成 chéng 톸 (~으로) 되다, 변하다 | 名人 míngrén 몡 유명 인사

[03-04]

<table>
<tr>
<td>

　　³爱迪生小时候是个弱智儿，老师认为没法儿教他，认为他跟不上学校的课，就对他妈妈说："³你儿子脑子有问题，我们教不了，让他回家吧。"⁴他妈妈不信，就在家自己教育他。结果，爱迪生成为人类历史上伟大的发明家。

</td>
<td>

　　³에디슨은 어렸을 때 지능이 낮은 아이여서, 선생님은 그를 가르칠 방법이 없고, 그가 학교 수업을 따라갈 수 없다고 생각하여, 에디슨의 어머니에게 "³아드님의 머리에 문제가 있어서 저희가 가르칠 수 없으니 집으로 데리고 가십시오."라고 말했다. ⁴그의 어머니는 그 말을 믿지 않았고, 집에서 에디슨을 직접 가르쳤다. 그 결과 에디슨은 인류 역사상 위대한 발명가가 되었다.

</td>
</tr>
</table>

단어 弱智 ruòzhì ⑱ 지능이 떨어지다 | ★ 跟不上 gēnbushàng ⑧ 따라갈 수 없다 | 脑子 nǎozi ⑲ 머리, 두뇌 | ★ 教育 jiàoyù ⑧ 교육하다 | 结果 jiéguǒ ⑲ 결과 | 人类 rénlèi ⑲ 인류 | 伟大 wěidà ⑱ 위대하다 | 发明家 fāmíngjiā ⑲ 발명가

03

A 他弱智	A 그의 지능이 떨어져서
B 他不听话	B 그가 말을 듣지 않아서
C 他不上学	C 그가 학교에 오지 않아서
D 他太聪明	D 그가 너무 똑똑해서
问: 老师为什么不教爱迪生?	질문: 선생님은 왜 에디슨을 가르치지 않았는가?

시크릿 선생님의 생각(老师认为…)과 에디슨의 어머니에게 한 말(对他妈妈说…)에 집중!

해설 선생님은 에디슨이 지능이 떨어지는 아이기 때문에 가르칠 방법이 없다고 생각하고, 아이를 집으로 돌려보냈다. 녹음에서 跟不上이라는 단어를 듣고 C가 답이라고 혼동할 수 있지만 跟不上은 '따라갈 수 없다'는 의미로 학교에 가지 않았다는 의미가 아니다.

단어 听话 tīnghuà ⑧ 말을 잘 듣다 | ★ 聪明 cōngming ⑱ 똑똑하다

04

A 聪明	A 똑똑하다
B 有能力	B 능력이 있다
C 妈妈伟大	C 어머니가 위대하다
D 热爱科学	D 과학을 사랑한다
问: 这段话主要说爱迪生的什么?	질문: 이 이야기는 에디슨의 무엇에 대한 것인가?

시크릿 이야기의 중심 내용에 주의!

해설 이 이야기는 학교에서조차 포기한 에디슨을 그의 어머니가 직접 집에서 가르쳐서 결국 위대한 발명가로 성공시켰다는 내용이므로, 그의 어머니의 위대함에 대해서 말하고 있다는 것을 알 수 있다.

단어 能力 nénglì ⑲ 능력 | 热爱 rè'ài ⑧ 열렬히 사랑하다 | 科学 kēxué ⑲ 과학

[01-02]

"因材施教"是说 [1]教育不同性格的孩子，要用不同的教育方法。对性格外向的孩子，要适当的限制他们。而对那些害羞的孩子，要经常鼓励他们说说自己的看法。如果他们这样做了，要马上表扬他们，[2]这样才能让每一个孩子都能健康地成长。	'대상에 따라 다른 방법으로 교육한다'는 말은, [1]서로 다른 성격의 아이들을 가르칠 때는 다른 교육 방법을 사용해야 한다는 말이다. 성격이 외향적인 아이에게는 적당히 규제해줘야 하고, 부끄러움을 많이 타는 아이에게는 자신의 생각을 말할 수 있도록 격려해줘야 한다. 만일 아이들이 교육한 대로 했다면, 곧바로 칭찬을 해주어야 한다. [2]이렇게 해야만 모든 아이들이 건강하게 성장할 수 있다.

단어 因材施教 yīncáishījiào 성어 대상에 따라 그에 맞는 교육을 하다 | ★ 教育 jiàoyù 통 교육하다 | ★ 性格 xìnggé 명 성격 | 外向 wàixiàng 형 외향적이다 | ★ 适当 shìdàng 형 적절하다, 적당하다 | 限制 xiànzhì 통 제한하다, 규제하다 | 害羞 hàixiū 통 수줍어하다 | 鼓励 gǔlì 통 격려하다 | ★ 表扬 biǎoyáng 통 칭찬하다

01

A 材料	B 性格	A 자질	B 성격
C 才能	D 健康	C 재능	D 건강

S1 S3

问: 教育孩子要考虑哪方面的不同?

질문: 아이들을 교육할 때는 어떤 차이점을 고려해야 하는가?

시크릿 아이들의 유형을 분류하는 기준이 무엇인지에 집중!

해설 녹음에서 성격이 다른 아이들은 각각 그 성격에 맞는 교육을 해야 한다고 했으므로, 아이들을 교육시킬 때에는 성격의 차이를 고려해야 함을 알 수 있다.

단어 材料 cáiliào 명 자질, 소질(비유적 의미를 나타냄) | 才能 cáinéng 명 재능 | 健康 jiànkāng 명 건강

02

A 孩子的性格	A 아이의 성격
B 孩子的才能	B 아이의 재능
C 孩子的看法	C 아이의 의견
D 怎样教育孩子	D 어떻게 아이를 교육시키는가

S1 S2

问: 这段话主要谈什么?

질문: 이 이야기에서 주로 말하는 것은?

시크릿 중심 내용에 집중!

해설 녹음에서 아이들의 성격 이야기가 나와서 A가 답이라고 혼동할 수도 있지만, 이 이야기의 중점은 성격에 따른 교육법이지, 아이들의 성격에 관한 이야기가 아니므로, 답은 D가 된다.

단어 看法 kànfǎ 명 견해, 의견 | 怎样 zěnyàng 대 어떻게

[03-04]

³阳光会让我们心情更好。当你心情不好的时候，如果天还下雨，你的心情可能会更糟糕。相反，⁴如果天气很好，有阳光，你就容易看到事情好的方面，心情也就会变得好起来。

[3]햇빛은 우리의 기분을 더욱 좋게 해준다. 기분이 나쁠 때, 만일 비까지 온다면, 기분은 더욱 엉망이 될 것이다. 반대로 [4]만일 날씨가 좋고 햇빛이 들면, 일의 좋은 방면을 보기가 쉬워지고, 기분도 좋아진다.

단어 阳光 yángguāng 몡 햇빛 | 心情 xīnqíng 몡 감정, 기분 | ★ 糟糕 zāogāo 톙 망치다, 엉망이 되다 | 相反 xiāngfǎn 젭 반대로, 오히려

03

| A 雨水 | B 友谊 | A 빗물 | B 우정 |
| C 好心情 | D 好事情 | C 좋은 기분 | D 좋은 일 |

问: 阳光能给我们带来什么?

질문: 햇빛은 우리에게 무엇을 가져다주는가?

시크릿 阳光에 대해 설명하는 술어 부분에 집중!

해설 햇빛은 우리의 기분을 더 좋게 해준다고 했으므로, 답은 C가 된다. 녹음에서 事情好的方面(일의 좋은 방면)이라는 말을 듣고 D가 답이라고 혼동할 수도 있지만, 이것은 햇빛이 가져다 주는 것이 아니라 햇빛이 있을 때 일의 좋은 면을 바라볼 수 있다는 내용이므로 답이 되지 않는다.

단어 雨水 yǔshuǐ 몡 빗물 | 友谊 yǒuyì 몡 우정 | 事情 shìqing 몡 일, 사건

04

A 雨季	A 우기
B 社会发展	B 사회의 발전
C 天气情况	C 날씨 상황
D 阳光影响心情	D 햇빛은 기분에 영향을 준다

问: 这段话主要谈什么?

질문: 이 이야기에서 주로 말하는 것은?

시크릿 중심 내용에 집중!

해설 녹음에서는 햇빛이 사람의 기분을 좋게 해준다고 했으므로, 햇빛이 사람들의 기분에 미치는 영향에 대해서 이야기하고 있음을 알 수 있다. 녹음에 阳光(햇빛), 下雨(비가 내리다), 天气(날씨) 등의 단어가 나와서 날씨와 관련된 내용이라고 착각할 수 있지만, 날씨 상황에 대해 이야기하는 것이 아니다.

단어 雨季 yǔjì 몡 우기 | 社会 shèhuì 몡 사회 | 发展 fāzhǎn 몡 발전 | 影响 yǐngxiǎng 동 영향을 주다

[01~02]

北方人爱吃饺子，除了因为饺子味道鲜美，还因为人们忙碌了一整年，[1]春节时全家人坐在一起包饺子是非常好的交流机会，除此之外，还跟北方的气候有关，[2]北方比南方寒冷，吃热饺子比吃炒菜让人感觉更暖和更舒服。

북쪽 사람들은 만두 먹는 것을 좋아한다. 만두의 맛이 좋아서라는 이유 외에도 사람들이 일년 내내 바쁘게 지내다가 [1]설날에 온 가족이 함께 앉아서 만두를 빚는 것은 서로 이야기를 나눌 수 있는 매우 좋은 기회기 때문이다. 이 밖에도 북쪽 지방의 기후와 관련이 있다. [2]북쪽은 남쪽보다 추워서, 뜨거운 만두를 먹는 것이 볶음 요리를 먹는 것보다 더 따뜻하고 편안한 느낌을 준다.

단어 饺子 jiǎozi 명 만두 | 味道 wèidao 명 맛 | 鲜美 xiānměi 형 맛이 좋다 | ★ 忙碌 mánglù 형 바쁘다 | 交流 jiāoliú 동 소통하다, 교류하다 | 机会 jīhuì 명 기회 | 寒冷 hánlěng 형 한랭하다, 춥다 | 炒菜 chǎocài 명 볶음 요리 | ★ 感觉 gǎnjué 동 느끼다

01

A 忙碌	B 炒菜	A 바쁘다	B 음식을 볶는다
C 吃饺子	D 互相交流	C 만두를 먹는다	D 서로 이야기한다

S1
S3

问: 北方人过年有什么习惯?

질문: 북쪽 지방 사람들은 새해를 맞이할 때 어떤 습관이 있는가?

시크릿 春节(설날)가 나오는 부분에 집중!

해설 녹음에서 북쪽 지방 사람들이 설날에 만두를 먹는 이유에 대해서 이야기하고 있으므로, 답은 C가 된다. A와 D는 만두를 빚어 먹는 이유 중의 하나지만 질문의 내용과는 일치하지 않는다.

단어 互相 hùxiāng 부 서로, 상호 | 过年 guònián 동 설을 쇠다, 새해를 맞다

02

A 热	B 寒冷	A 덥다	B 춥다
C 舒服	D 暖和	C 편안하다	D 따뜻하다

S1
S3

问: 说话人认为北方的气候怎么样?

질문: 화자는 북방의 기후가 어떻다고 생각하는가?

시크릿 북쪽의 기후에 대해 말하는 부분에 집중!

해설 북쪽은 남쪽보다 춥다고 했으므로, 화자는 북쪽의 날씨가 춥다고 생각한다는 것을 알 수 있다.

단어 热 rè 형 덥다 | ★ 舒服 shūfu 형 편안하다 | 暖和 nuǎnhuo 형 따뜻하다

幽默也是一种能力，并不是每个人都具有的。有这种能力的人能在任何事情中发现有趣的东西，[3]就算无聊的事让他们一说都有可能变得有趣，甚至让人笑到肚子疼。[4]一个有幽默感的人不管走到哪里，都会给别人带去愉快的心情，所以总是最有人气的人。

유머감각도 일종의 능력으로, 결코 모든 사람이 갖고 있는 것은 아니다. 이런 능력을 갖춘 사람은 어떤 일에서도 재미있는 부분을 찾아낼 수 있고, [3]지루한 일이라 할지라도 이들이 말하게 되면 매우 재미있는 일로 바뀌며, 심지어 배가 아플 정도로 사람들을 웃기기까지 한다. [4]유머감각이 있는 사람은 어디를 가든 다른 사람들에게 유쾌한 기분을 가져다주기 때문에, 언제나 가장 인기 있는 사람이다.

단어 幽默 yōumò 휑 유머러스하다 | ★ 具有 jùyǒu 통 갖추다, 구비하다 | ★ 任何 rènhé 대 어떠한, 무슨 | ★ 发现 fāxiàn 통 발견하다 | 无聊 wúliáo 휑 지루하다, 따분하다 | 变 biàn 통 (성질, 상태를) 바꾸다 | ★ 甚至 shènzhì 閉 심지어, ~까지도 | 愉快 yúkuài 휑 유쾌하다, 즐겁다 | 人气 rénqì 명 인기

03

A 到处走	A 어디든 간다
B 让人讨厌	B 사람들이 싫어한다
C 很会讲笑话	C 우스갯소리를 잘 한다
D 有时很无聊	D 때로는 매우 지루하다

问: 幽默的人怎么样?　　질문: 유머가 있는 사람은 어떠한가?

시크릿 녹음과 의미가 통하는 보기에 표시!

해설 유머러스한 사람들은 재미없는 이야기도 배가 아플 정도로 웃기게 할 수 있다고 했으므로, 답은 C가 된다.

단어 到处 dàochù 명 도처, 가는 곳 | 讨厌 tǎoyàn 통 싫어하다 | 笑话 xiàohua 명 우스갯소리

04

A 使人发笑	A 사람들을 웃게 해서
B 很有礼貌	B 예의가 있어서
C 尊重别人	C 다른 사람들을 존중해서
D 做事有耐心	D 인내심 있게 일해서

问: 幽默的人为什么受欢迎?　　질문: 유머가 있는 사람은 왜 환영을 받는가?

시크릿 사람들이 유머러스한 사람을 좋아하는 이유에 집중!

해설 유머러스한 사람들은 어디를 가든 사람들을 유쾌하게 하기 때문에 인기가 있다고 했으므로, 답은 A가 된다.

단어 发笑 fāxiào 통 웃(기)다 | 礼貌 lǐmào 명 예의 | 尊重 zūnzhòng 통 존중하다 | 别人 biéren 대 다른 사람 | 做事 zuòshì 통 일을 하다 | 耐心 nàixīn 명 참을성, 인내심 | 欢迎 huānyíng 통 환영하다

[01-02]

说起结婚，人们通常会先想到爱情，¹爱情确实是结婚的重要原因，但仅有爱情并不够，²两个人还应该互相支持、互相信任，只有这样，才能幸福地生活在一起。	결혼에 대해 이야기하자면, 사람들은 보통 사랑을 먼저 떠올리는데, ¹사랑은 확실히 결혼을 하는 중요 요인이지만, 사랑만으로는 결코 부족하다. ²두 사람이 서로 지지하고 신뢰해야만 함께 행복하게 생활할 수 있는 것이다.

단어 结婚 jiéhūn 图 결혼하다 | 通常 tōngcháng 图 일반적이다 | 爱情 àiqíng 図 사랑 | ★ 确实 quèshí 囝 확실히, 틀림없이 | 原因 yuányīn 図 원인 | 不够 búgòu 图 부족하다, 모자라다 | 互相 hùxiāng 囝 서로 | 支持 zhīchí 图 지지하다 | ★ 信任 xìnrèn 图 신뢰하다 | ★ 幸福 xìngfú 图 행복하다

01

A 金钱　　　B 条件	A 돈　　　B 조건
C 爱情　　　D 环境	C 사랑　　　D 환경

S1

问: 结婚的重要原因是什么?	질문: 결혼을 하는 중요한 이유는 무엇인가?

시크릿 결혼을 하는 이유가 무엇인지에 집중!

해설 단지 사랑만으로는 충분하지 않다는 말을 듣고 C가 답이 될 수 없다고 혼동할 수 있지만, 사랑은 확실히 결혼의 중요한 이유라고 언급했으므로 답은 C다.

단어 金钱 jīnqián 図 돈, 금전 | 条件 tiáojiàn 図 조건 | ★ 环境 huánjìng 図 환경

02

S1
S2

A 不要吵架	A 싸우지 말아야 한다
B 减少误会	B 오해를 줄인다
C 礼貌对人	C 상대방을 예의 바르게 대한다
D 互相支持、信任	D 서로 지지하고 신뢰한다

问: 两个人怎样才能幸福地生活在一起?	질문: 두 사람이 어떻게 해야 함께 행복하게 생활할 수 있는가?

시크릿 녹음에서 언급된 보기에 표시해두기!

해설 A, B, C, D 모두 행복하게 생활할 수 있는 방법이긴 하지만, 녹음에서 언급한 내용은 D뿐이다. 이처럼 상식적으로 답이 될 수 있을 것 같은 보기가 나오더라도, 고정관념을 버리고 정확히 녹음에 언급된 내용을 찾아야 한다.

단어 吵架 chǎojià 图 말다툼하다 | 减少 jiǎnshǎo 图 감소하다, 줄이다 | 误会 wùhuì 図 오해 | 礼貌 lǐmào 图 예의 바르다

³生活是什么？每个人可能都有不同的想法。有人说生活是一杯酒，辣中带香；有人说生活是巧克力，甜中带些苦；还有人说，⁴生活是一块圆面包，最中间的部分是最好吃的，然而并不是每个人都能尝到。³生活究竟是什么，可能我们每个人都有自己的答案。

³삶은 무엇인가? 아마 모든 사람들이 서로 다른 생각을 가지고 있을 것이다. 어떤 사람은 삶은 한 잔의 술과 같아서 독하지만 향기를 지니고 있다고 말하고, 어떤 사람은 삶은 초콜릿과 같아서 달콤함 속에 쓴 맛을 가지고 있다고 말한다. 또 어떤 사람은 ⁴삶은 하나의 동그란 빵과 같아서 한 가운데가 가장 맛있지만, 누구나 맛볼 수 있는 건 아니라고 말한다. ³삶은 도대체 무엇인가. 우리 모두는 아마 자신만의 답을 가지고 있을 것이다.

단어 ★ 想法 xiǎngfa 몡 생각, 견해 | 酒 jiǔ 몡 술 | 辣 là 혱 맵다, 독하다 | 香 xiāng 혱 향기롭다 | 巧克力 qiǎokèlì 몡 초콜릿 | 甜 tián 혱 달다 | 苦 kǔ 혱 쓰다 | 面包 miànbāo 몡 빵 | 中间 zhōngjiān 몡 속, 가운데 | ★ 然而 rán'ér 젭 그러나 | 尝 cháng 동 맛보다 | ★ 究竟 jiūjìng 분 도대체 | 答案 dá'àn 몡 답

03

A 酒	B 生活	A 술	B 삶
C 面包	D 巧克力	C 빵	D 초콜릿

S1 S2

问: 这段话谈的是什么? 질문: 이 이야기에서 말하는 것은 무엇인가?

시크릿 중심 내용에 집중!

해설 녹음에서 말하고자 하는 것은 '삶은 무엇인가?'에 대한 사람들의 견해이므로, 답은 B가 된다. 나머지 보기들도 모두 언급된 내용이지만 술, 빵, 초콜릿은 사람들이 삶을 비유한 단어들이지, 이야기의 주제가 되는 단어들은 아니다.

04

A 辣中带香
B 甜里有苦
C 中间最好吃
D 不是谁都能吃到

A 독한 맛 속에 향긋함이 있다
B 달콤함 속에 쓴 맛이 있다
C 가운데가 제일 맛있다
D 누구나 맛볼 수 있는 건 아니다

S1

问: 圆面包有什么特点? 질문: 동그란 빵은 어떤 특징이 있는가?

시크릿 동그란 빵에 대해 말하는 부분에 집중!

해설 동그란 빵은 가운데가 제일 맛있다고 했으므로, 답은 C가 된다. A는 술의 특징이고, B는 초콜릿의 특징이다. 동그란 빵에 대해서 이야기할 때 D의 내용이 나와서 D가 답이라고 혼동할 수 있지만, 누구나 맛볼 수는 없다는 내용은 동그란 빵의 가운데 부분을 이야기한 것이지, 동그란 빵 자체를 말한 것은 아니다.

단어 谁 shéi 떼 아무, 누구(불특정한 사람을 나타냄)

[01-02]

> [1] 很多女孩子都羡慕小说里浪漫而复杂的爱情故事，认为经历了酸甜苦辣的爱情才算是真爱，[2] 其实更值得我们重视和珍惜的正是我们实际生活中简单的爱情，简简单单才是真正的幸福。

[1] 많은 여자아이들은 모두 소설 속의 낭만적이고 복잡한 사랑 이야기를 부러워하며, 온갖 풍파를 겪은 사랑이야말로 진정한 사랑이라고 생각한다. [2] 사실 우리가 더 주목하고 소중히 여겨야 할 것은 바로 우리의 실제 생활에 존재하는 평범한 사랑이다. 평범한 것이야말로 진정한 행복인 것이다.

단어 羡慕 xiànmù 동 부러워하다, 선망하다 | 复杂 fùzá 형 복잡하다 | 经历 jīnglì 동 경험하다 | 酸甜苦辣 suāntiánkǔlà 성어 세상의 온갖 고초 | ★ 其实 qíshí 부 사실 | ★ 值得 zhíde 동 ~할 만한 가치가 있다 | 珍惜 zhēnxī 동 소중히 여기다 | 实际 shíjì 형 현실적이다 | 简单 jiǎndān 형 단순하다, 평범하다

01

S1

A 很浪漫	A 매우 낭만적이어서
B 只有甜蜜	B 달콤하기만 해서
C 特别有趣	C 매우 재미있어서
D 内容丰富	D 내용이 풍부해서

问: 女孩子为什么喜欢小说里的爱情?

질문: 여자아이들은 왜 소설 속의 사랑을 좋아하는가?

시크릿 여자아이들이 소설 속 로맨스를 좋아하는 이유에 집중!

해설 소설 속의 사랑이 복잡하고 온갖 풍파를 겪은 것이라는 말을 듣고 내용이 풍부하기 때문에(D) 좋아한다고 혼동할 수도 있지만, 처음 부분에 여자아이들이 소설 속의 사랑을 꿈꾸는 이유는 낭만적이기 때문이라고 했으므로 답은 A가 된다.

단어 浪漫 làngmàn 형 낭만적이다 | 甜蜜 tiánmì 형 달콤하다, 행복하다 | 有趣 yǒuqù 형 재미있다, 흥미있다 | 丰富 fēngfù 형 풍부하다

02

S1
S2
S3

A 复杂的	A 복잡한 것
B 小说里的	B 소설 속의 것
C 很简单的	C 평범한 것
D 诚实正直的	D 성실하고 정직한 것

问: 说话人认为什么样的爱情才是幸福的?

질문: 화자는 어떠한 사랑이 행복한 것이라고 여기는가?

시크릿 접속사 其实(사실) 이하의 내용에 집중!

해설 작가는 우리가 더 소중히 여겨야 할 것은 소설 속의 사랑이 아니라 우리 현실 속의 '평범한 사랑'이라고 했으므로, C가 답이 된다.

단어 诚实 chéngshí 형 성실하다, 참되다 | 正直 zhèngzhí 형 정직하다

⁴美是无处不在的。即使人们不理解，美也依旧存在。就好像³一个人听一只小鸟叫，觉得好听，尽管他完全不懂小鸟唱的是什么。一个人看一张画，他看来看去都看不懂画的是什么，但是仍然觉得好看。

⁴아름다움은 없는 곳이 없다. 설령 사람들이 이해하지 못하더라도, 아름다움은 여전히 존재한다. ³비록 작은 새가 뭐라고 지저귀는 건지 전혀 이해하지 못하더라도, 사람이 새의 지저귐을 듣고 아름답다고 느끼는 것처럼 말이다. 그림을 볼 때 아무리 봐도 무엇을 그린 것인지 모르더라도, 여전히 아름답다고 생각하는 것과 마찬가지다.

단어 无处 wúchù 동 ~한 곳이 없다 | 即使 jíshǐ 접 설령 ~할지라도 | ★ 理解 lǐjiě 동 이해하다 | ★ 依旧 yījiù 부 여전히 | 小鸟 xiǎoniǎo 명 작은 새 | 尽管 jǐnguǎn 접 비록 ~라 하더라도 | 完全 wánquán 부 완전히, 전혀 | …来…去 …lái…qù 명 이리저리 ~해봐도, 아무리 ~해도 | ★ 仍然 réngrán 부 여전히, 아직도

03

A 小鸟爱叫
B 小鸟在听
C 小鸟会唱歌
D 鸟的叫声很好听

A 새는 지저귀는 것을 좋아한다
B 새가 듣고 있다
C 새는 노래를 부를 줄 안다
D 새가 지저귀는 소리는 매우 아름답다

问: 关于小鸟可以知道什么?

질문: 새에 관해서 알 수 있는 것은?

시크릿 小鸟(작은 새)가 나오는 부분에 집중!

해설 녹음에서 우리가 새의 지저귐을 이해하지 못하더라도 새의 지저귐은 아름답다고 느낀다고 했으므로, 질문에 일치하는 답은 D가 된다.

단어 爱 ài 동 애호하다, 좋아하다 | 唱歌 chànggē 동 노래 부르다

04

A 美看不见
B 一直都在
C 美是听小鸟叫
D 美不容易被理解

A 아름다움은 눈에 보이지 않는다
B 줄곧 존재해왔다
C 아름다움은 새의 지저귐을 듣는 것이다
D 아름다움은 이해받기 어렵다

问: 美有什么特点?

질문: 아름다움은 어떤 특징이 있는가?

시크릿 美(아름다움)에 관해 말하는 부분에 집중!

해설 녹음에서 아름다움은 없는 곳이 없다고 했으므로, 답은 B가 된다. 아름다움은 사람들이 이해하지 못한다 하더라도 늘 존재한다고 했으므로, D는 녹음의 내용과 일치하지 않는다.

단어 一直 yìzhí 부 줄곧, 계속 | 容易 róngyì 형 쉽다

[01-02]

[2]在乘坐地铁、公共汽车等交通工具时，我们常常都能听到下面这样的广播：[1]"下一站就要到了，请下车的乘客提前做好准备。"按照广播的提醒，提前到车门旁边等着下车，既方便了自己，也方便了他人。

[2]지하철이나 버스 등의 교통수단을 이용할 때, 우리는 항상 다음과 같은 방송을 듣게 된다. [1]"다음 역에 곧 도착할 예정이오니, 내리시는 승객께서는 미리 준비해주시기 바랍니다." 방송 안내에 따라 미리 문 옆에서 내리기를 기다리면, 스스로도 편하고 다른 사람들도 편하다.

단어　地铁 dìtiě 몡 지하철 | 交通 jiāotōng 몡 교통 | 工具 gōngjù 몡 수단, 방법 | 广播 guǎngbō 몡 방송 | 乘客 chéngkè 몡 승객 | ★ 提前 tíqián 통 앞당기다 | 准备 zhǔnbèi 통 준비하다 | ★ 按照 ànzhào 전 ~에 의해, ~에 따라 | ★ 提醒 tíxǐng 통 상기시키다 | 既…也… jì…yě… ~할 뿐 아니라 ~하다 | 方便 fāngbiàn 혱 편리하다 | 他人 tārén 몡 타인, 다른 사람

01　S2

A 主动买票	A 자발적으로 표를 사야 한다
B 准备下车	B 내릴 준비를 해야 한다
C 注意安全	C 안전에 주의해야 한다
D 禁止抽烟	D 흡연을 금지한다

问：广播提醒乘客什么?　　질문: 방송은 승객에게 무엇을 알려주는가?

시크릿　방송 문구 다음에 나오는 부연설명에 집중!

해설　녹음에서 설명하는 방송은 역에 정차한다는 것을 알려주는 내용이므로, 답은 B가 된다.

단어　主动 zhǔdòng 혱 주동적이다, 자발적이다 | 注意 zhùyì 통 주의하다, 조심하다 | 安全 ānquán 혱 안전하다 | 禁止 jìnzhǐ 통 금지하다 | 抽烟 chōuyān 통 담배를 피우다

02　S2

| A 船上 | B 飞机上 | A 배 | B 비행기 |
| C 出租车上 | D 公共汽车上 | C 택시 | D 버스 |

问：在哪儿能听到这样的广播?　　질문: 어디에서 이러한 방송을 들을 수 있는가?

시크릿　어떤 장소 명사가 들리는지에 집중!

해설　내릴 준비를 하라는 방송은 지하철이나 버스 같은 교통수단에서 나온다고 했으므로, 답은 D가 된다. 비행기나 배는 일반적으로 승객들이 같은 곳에서 타고 같은 곳에서 내리므로, 따로 방송을 하지 않는 경우가 많기 때문에 답이 될 수 없다.

단어　船 chuán 몡 배 | 飞机 fēijī 몡 비행기 | 出租车 chūzūchē 몡 택시

[03-04]

<table>
<tr>
<td>各位观众，大家晚上好！³ 欢迎大家在星期五晚上打开电视，准时收看我们的《动物世界》节目。⁴ 在今天的节目里，我们主要向大家介绍东北虎。今天我们还请来了国内著名的动物学教授——王教授，来给我们介绍这方面的知识。</td>
<td>시청자 여러분, 안녕하십니까！³ 금요일 저녁 TV를 켜고, 정시에 저희 〈동물의 세계〉 프로그램을 시청해주신 여러분을 환영합니다. ⁴ 오늘 프로그램에서는 여러분께 주로 둥베이 호랑이를 소개해드리고자 합니다. 오늘은 국내 유명한 동물학 교수 왕 교수님을 모셔서 이 분야에 대한 지식을 우리에게 설명해주시겠습니다.</td>
</tr>
</table>

단어 ★ 准时 zhǔnshí 🖫 제때에 | 节目 jiémù 🖲 프로그램 | 介绍 jièshào 🖲 소개하다 | 虎 hǔ 🖲 호랑이 | ★ 著名 zhùmíng 🖲 저명하다 | 教授 jiàoshòu 🖲 교수

03

| A 星期三 | B 星期四 | A 수요일 | B 목요일 |
| C 星期五 | D 星期六 | C 금요일 | D 토요일 |

S1 S2 问: 今天星期几? | 질문: 오늘은 무슨 요일인가?

시크릿 인사말 다음 부분에 집중!

해설 진행자가 처음에 시청자들에게 인사를 하면서 '금요일 저녁'이라고 했으므로, 오늘이 금요일이라는 것을 알 수 있다.

단어 星期三 xīngqīsān 🖲 수요일 | 星期四 xīngqīsì 🖲 목요일 | 星期五 xīngqīwǔ 🖲 금요일 | 星期六 xīngqīliù 🖲 토요일

04

| A 亚洲 | B 地球 | A 아시아 | B 지구 |
| C 老虎 | D 植物 | C 호랑이 | D 식물 |

S1 S2 问: 今天的节目主要介绍什么? | 질문: 오늘 프로그램에서는 무엇을 소개하는가?

시크릿 프로그램의 주제에 대해 말하는 부분에 집중!

해설 오늘 이 프로그램에서는 호랑이를 소개한다고 했으므로, 답은 C가 된다. 처음 부분에서 이 프로그램의 이름이 〈동물의 세계〉라는 것을 듣고도 동물에 대한 프로그램이라는 것을 알 수 있는데, C를 제외한 나머지 보기는 동물이 아니므로 답이 될 수 있는 것은 C밖에 없다.

단어 亚洲 Yàzhōu 🖲 아시아 | 地球 dìqiú 🖲 지구 | 老虎 lǎohǔ 🖲 호랑이 | 植物 zhíwù 🖲 식물

[01–02]

[2]今天同学们终于完成了大学4年的学习任务，马上就要开始新的生活了，[1]我代表学校向你们表示祝贺，祝你们在今后的生活和工作中取得更好的成绩，也希望你们以后有时间多回学校来看看。

[2]오늘 학생 여러분은 드디어 대학 4년간의 공부를 마치고, 이제 곧 새로운 생활을 시작하게 됩니다. [1]저는 학교를 대표하여 여러분께 축하의 뜻을 표하며, 여러분이 앞으로의 생활과 일에서 더 좋은 성적을 거두시길 기원하고, 훗날 시간이 있거든 학교도 자주 찾아주시길 바랍니다.

단어 ★终于 zhōngyú 彤 마침내 | 任务 rènwu 똉 임무 | ★马上 mǎshàng 彤 곧, 바로 | 代表 dàibiǎo 똥 대표하다 | 祝贺 zhùhè 똥 축하하다 | 取得 qǔdé 똥 얻다, 획득하다 | 成绩 chéngjì 똉 성적, 성과

01

| A 导游 | B 记者 | A 여행 가이드 | B 기자 |
| C 校长 | D 领导 | C 총장 | D 지도자 |

S1 S2 问: 说话人最可能是谁?　　질문: 화자는 누구겠는가?

시크릿 我(나)의 입장을 밝히는 대목에 집중!

해설 녹음 내용은 학교에서 학생들에게 하는 이야기이므로, 가장 어울리는 답은 C다. 또한 화자는 학교를 대표해서 축하의 뜻을 전한다고 했으므로, 이 사람은 학교의 대표자인 총장이라는 것을 알 수 있다.

단어 导游 dǎoyóu 똉 가이드 | 记者 jìzhě 똉 기자 | 校长 xiàozhǎng 똉 학교장, 총장 | 领导 lǐngdǎo 똉 지도자, 책임자

02

| A 访问 | B 开学 | A 방문 | B 개학 |
| C 公司开会 | D 毕业典礼 | C 기업 회의 | D 졸업식 |

S1 S2 问: 这段话最可能是在什么时候说的?　　질문: 이 이야기는 언제 말하는 것이겠는가?

시크릿 이야기의 내용에 집중!

해설 상대방에게 4년간의 공부를 마쳤다고 이야기하고 있으므로, 졸업식에서 하는 이야기라는 것을 알 수 있다. 开始新的生活(새로운 생활을 시작하다)라는 말을 듣고 개학식이라고 혼동할 수도 있지만, 여기서 '새로운 생활'은 학교를 졸업하고 나서의 생활을 의미하는 것이므로, 답은 D가 된다.

단어 访问 fǎngwèn 똥 방문하다 | 开学 kāixué 똥 개학하다 | 毕业 bìyè 똥 졸업하다 | 典礼 diǎnlǐ 똉 의식

[03-04]

<table>
<tr>
<td>

这房子的装修很好。电视、空调、冰箱等[4]家电都有，并且都很新。[4]离火车站也近，交通便利；[4]离您公司也不远，您可以坐公共汽车，甚至可以骑自行车上班，还可以锻炼身体。[4]价格也比较便宜，[3]真的很值得考虑。

</td>
<td>

이 집의 인테리어는 훌륭합니다. TV, 에어컨, 냉장고 등 [4]가전제품을 모두 갖추고 있으며 모두 신제품입니다. [4]기차역에서도 가깝고, 교통이 편리합니다. [4]귀하의 회사와도 멀지 않아서 버스를 타거나, 심지어 자전거를 타고 출근하시면서 체력 단련을 할 수도 있습니다. [4]가격도 비교적 저렴해서 [3]정말 고려해볼 만 합니다.

</td>
</tr>
</table>

단어 装修 zhuāngxiū 뎽 인테리어 | 空调 kōngtiáo 뎽 에어컨 | 冰箱 bīngxiāng 뎽 냉장고 | 离 lí 쩐 ~에서, ~로부터 | ★ 便利 biànlì 혱 편리하다 | ★ 甚至 shènzhì 뛤 심지어, ~까지도 | 锻炼 duànliàn 뎡 (체력을) 단련하다 | ★ 值得 zhíde 뎡 ~할 만한 가치가 있다 | ★ 考虑 kǎolǜ 뎡 고려하다

03

| A 买房的 | B 要租的 | A 집 사는 사람 | B 집을 빌리려는 사람 |
| C 看房的 | D 卖房的 | C 집을 보는 사람 | D 집 파는 사람 |

问: 说话人最可能是做什么的? **질문: 화자는 무슨 일을 하는 사람이겠는가?**

시크릿 말하는 사람의 입장에 주의!

해설 이 이야기는 집에 대해서 홍보하는 이야기이므로, 화자는 지금 집을 팔려고 한다는 것을 알 수 있다.

단어 买 mǎi 뎡 사다 | 租 zū 뎡 빌리다 | 卖 mài 뎡 팔다

04

A 没有家电	A 가전제품이 없다
B 交通方便	B 교통이 편리하다
C 房价不便宜	C 집값이 비싸다
D 离公司太远	D 회사에서 너무 멀다

问: 关于这房子下列哪个正确? **질문: 이 집에 관해서 다음 중 옳은 것은?**

시크릿 녹음 내용과 보기의 일치 여부 표시!

해설 이 집은 가전제품을 모두 갖추고 있고(A 제외), 교통이 편리하고(B), 상대방의 회사에서도 멀지 않고(D 제외), 가격도 비교적 저렴한 편(C 제외)이라고 했으므로, 녹음 내용과 일치하는 보기는 B뿐이다.

단어 家电 jiādiàn 뎽 가전제품 | 交通 jiāotōng 뎽 교통 | 房价 fángjià 뎽 집값 | 公司 gōngsī 뎽 회사

실전 모의고사

제1부분 p. 95

01

★ 他现在是警察。

小时候他的理想是成为一名勇敢的警察，长大后他却成为了一名优秀的律师，开始用自己的法律知识来帮助别人。

★ 그는 지금 경찰이다. (X)

어렸을 때, 그의 꿈은 용감한 경찰이 되는 것이었다. 그러나 자라서는 우수한 변호사가 되어, 자신의 법률지식을 사용하여 다른 사람을 돕기 시작했다.

시크릿 그가 현재 무엇을 하는 사람이 되었는지에 집중!

해설 그의 꿈은 원래 警察(경찰)였지만, 지금은 律师(변호사)로 활동 중이므로, 주어진 문장과 일치하지 않는다. 他现在是警察(그는 지금 경찰이다)를 他现在是律师(그는 지금 변호사다)로 바꿔야 옳은 문장이 된다.

단어 警察 jǐngchá 몡 경찰 | 小时候 xiǎoshíhou 몡 어린 시절 | 理想 lǐxiǎng 몡 꿈, 이상 | 成为 chéngwéi 동 ~이(가) 되다 | 勇敢 yǒnggǎn 톙 용감하다 | 却 què 뮈 오히려, 도리어 | 优秀 yōuxiù 톙 우수한 | 律师 lùshī 몡 변호사 | 法律 fǎlù 몡 법률 | 知识 zhīshi 몡 지식

02

★ 幽默的人容易交朋友。

幽默是一把钥匙，它可以帮助人们打开友谊的大门，所以幽默的人总是有很多朋友。

★ 유머러스한 사람은 쉽게 친구를 사귈 수 있다. (✓)

유머는 하나의 열쇠다. 유머는 우정의 문을 열 수 있도록 도와주기 때문에, 유머러스한 사람은 언제나 많은 친구가 있다.

시크릿 유머러스한 사람이 지닌 장점에 집중!

해설 유머감각은 친구를 사귀는 데 도움이 되기 때문에, 유머러스한 사람은 쉽게 친구를 사귈 수 있다는 문장은 녹음과 일치한다.

단어 幽默 yōumò 톙 유머러스하다, 재미있다 | 容易 róngyì 톙 쉽다 | 交 jiāo 동 사귀다 | 朋友 péngyou 몡 친구, 벗 | 把 bǎ 양 (열쇠, 의자, 우산 등) 손으로 쥐는 물건을 세는 양사 | 钥匙 yàoshi 몡 열쇠 | 帮助 bāngzhù 동 도와주다 | 友谊 yǒuyì 몡 우정 | 总是 zǒngshì 뮈 항상

03

★ 地铁不会堵车。

很多人选择乘坐地铁上下班，是因为与公共汽车相比，地铁最大的优点是不会堵车。

★ 지하철은 막히지 않는다. (✓)

많은 사람들이 지하철로 출퇴근하기를 선택하는 이유는 버스와 비교해보았을 때, 지하철의 가장 큰 장점은 차가 막힐 일이 없다는 것이기 때문이다.

시크릿 지하철이 버스보다 좋은 점이 무엇인지에 주의!

해설 아무리 짧은 문장일지라도 접속사의 위력은 대단하다. 역접의 접속사 可是, 但是와 목적을 나타내는 为了, 원인을 나타내는 因为 이하 부분에 답이 많이 숨어 있기 때문이다. 여기서도 因为 이하 부분에, 지하철은 막힐 일이 없다는 말이 나온다.

단어 地铁 dìtiě 몡 지하철 | 堵车 dǔchē 동 차가 막히다 | 选择 xuǎnzé 동 선택하다 | 乘坐 chéngzuò 동 타다 | 上下班 shàngxiàbān 동 출퇴근하다 | 因为 yīnwèi 젭 왜냐하면 | 公共汽车 gōnggòng qìchē 몡 버스 | 相比 xiāngbǐ 동 비교하다 | 优点 yōudiǎn 몡 우수한 점

04

★ 结果比过程更重要。

无论最后结果是成功还是失败，只要真正努力过，在努力的过程中学到了东西，<u>那结果并不重要</u>。

★ 결과는 과정보다 더 중요하다. (X)

최후의 결과가 성공이든 실패든, 진정으로 노력을 했고, 그 노력하는 과정 속에서 무언가를 배웠다면, <u>결과는 결코 중요하지 않다.</u>

시크릿 결과와 과정 중 무엇이 더 중요한지에 집중!

해설 녹음 맨 마지막 부분에 '노력하는 과정 속에서 배운 게 있다면, 결과는 중요하지 않다'고 했다. 하지만 주어진 문장은 비교문(A 比 B 형용사)으로, 'A가 B보다 ~하다'는 의미를 나타내므로 녹음 내용과 일치하지 않는다.

단어 结果 jiéguǒ 몡 결과 | 过程 guòchéng 몡 과정 | 重要 zhòngyào 휑 중요하다 | 无论 wúlùn 젭 ~을(를) 막론하고 | 最后 zuìhòu 휑 최후의 | 成功 chénggōng 동 성공하다 | 失败 shībài 동 실패하다 | 努力 nǔlì 동 노력하다 | 并 bìng 囝 그다지, 별로

05

★ 他是售货员。

大家请安静一下，注意听我说。我们马上就要到目的地了，请大家收拾好自己的行李准备下车。下车后，我们先去宾馆休息一会儿。

★ 그는 판매원이다. (X)

모두들 조용히 하고, 제가 하는 말을 잘 들으세요. 우리는 이제 곧 목적지에 도착합니다. 모두들 자신의 짐을 잘 챙기시고, 내릴 준비를 하세요. 차에서 내린 후, 우리는 먼저 호텔로 가서 조금 쉬겠습니다.

시크릿 그가 하는 말을 어디서 들을 수 있는지에 주의!

해설 售货员(판매원)에서 售는 卖(팔다)의 뜻이고, 货는 물건, 员은 사람을 의미하므로, 판매원이라는 뜻이다. 녹음의 내용은 여행객을 태운 차 안에서 들을 수 있는 내용이므로, 말하는 사람은 导游(관광 가이드)임을 짐작할 수 있다.

단어 售货员 shòuhuòyuán 몡 판매원 | 请 qǐng 동 ~하세요 | 安静 ānjìng 휑 조용하다 | 注意 zhùyì 동 주의하다 | 马上 mǎshàng 囝 곧 | 目的地 mùdìdì 몡 목적지 | 收拾 shōushi 동 정리하다, 꾸리다 | 行李 xíngli 몡 짐 | 准备 zhǔnbèi 동 준비하다 | 宾馆 bīnguǎn 몡 호텔 | 休息 xiūxi 동 휴식하다

06

★ 世界杯吸引了很多公司。

很多人喜爱足球，所以世界杯比赛不仅<u>吸引了很多观众，也吸引了许多公司</u>。那些公司希望可以通过赛场上的广告来让更多的人了解他们。

★ 월드컵은 많은 회사들을 매료시켰다. (✓)

많은 사람들이 축구를 좋아한다. 그래서 <u>월드컵 경기는 많은 관중을 불러 모을 뿐만 아니라, 많은 회사도 매료시킨다.</u> 그 회사들은 경기장의 광고를 통해서 더 많은 사람들에게 그들을 알리고 싶어 한다.

시크릿 월드컵이 매료시키는 대상이 무엇인지에 집중!

해설 사람들이 몰리는 곳에는 광고가 있게 마련이다. 전세계 사람들이 열광하는 축구 경기가 열리는 월드컵 경기장은 많은 광고주들에게 매력적인 광고 장소가 아닐 수 없다. 따라서 주어진 문장은 옳은 내용이다.

단어 世界杯 shìjièbēi 몡 월드컵 | 吸引 xīyǐn 동 매료(매혹)시키다 | 喜爱 xǐ'ài 동 사랑하다 | 比赛 bǐsài 몡 경기 | 不仅 bùjǐn 젭 ~뿐만 아니라 | 观众 guānzhòng 몡 관중 | 许多 xǔduō 휑 매우 많은, 허다한 | 希望 xīwàng 동 희망하다 | 通过 tōngguò 젼 ~를 통해 | 赛场 sàichǎng 몡 경기장

07

★ 孩子要少玩游戏。

父母经常和孩子一起玩儿游戏是很有必要的。这样不但可以让父母暂时忘记工作的压力，还可以增进父母和孩子之间的感情交流。

★ 아이는 놀이를 적게 해야 한다. (X)

부모가 아이와 함께 자주 놀이를 하는 것은 매우 필요한 일이다. 이렇게 하면 부모로 하여금 잠시 동안이나마 일의 스트레스를 잊게 할 뿐만 아니라, 부모와 아이간의 감정 교류도 증진시킬 수 있다.

시크릿 아이가 놀이를 어떻게 해야 하는지에 집중!

해설 녹음은 부모와 아이가 함께 놀이하는 것의 필요성과 장점에 대해 말하고 있다. 주어진 문장 孩子要少玩游戏(아이는 놀이를 적게 해야 한다)에서 少가 불필요하게 삽입되어 녹음의 내용과 일치하지 않는다. 1음절로 된 不, 没, 小, 少 등과 같은 부정적인 단어들을 놓치지 않도록 주의해야 한다.

단어 游戏 yóuxì 몡 게임 | 经常 jīngcháng 凰 자주 | 一起 yìqǐ 凰 같이 | 必要 bìyào 톙 필요로 하다 | 不但 búdàn 젭 ~ 뿐만 아니라 | 暂时 zànshí 몡 잠깐 | 忘记 wàngjì 동 잊어버리다 | 压力 yālì 몡 스트레스 | 增进 zēngjìn 동 증진하다 | 之间 zhījiān 몡 (~의) 사이 | 感情 gǎnqíng 몡 감정 | 交流 jiāoliú 동 서로 소통하다

08

★ 马经理不在上海。

您找马经理啊？他这两天去上海出差了，不在公司。您要是有什么着急的事儿找他，就打他的手机吧。

★ 마 사장님은 상하이에 있지 않다. (X)

마 사장님 찾으세요? 요 며칠 상하이로 출장 가서, 회사에 안 계세요. 무슨 급한 일로 마 사장님을 찾으시는 거라면, 사장님 휴대전화로 연락해보세요.

시크릿 사장이 어디로 출장을 갔는지에 집중!

해설 전화로 마 사장을 찾았는데 그는 상하이로 출장을 가서 회사에는 없다. 녹음과 일치하려면 马经理不在公司(마 사장은 회사에 있지 않다), 혹은 马经理在上海(마 사장은 상하이에 있다)로 표현되어야 한다. 문제에서 '马经理不在(마 사장님은 안 계신다)'까지는 맞는 표현이지만 뒷부분이 녹음과 일치하는지 잘 들어야 한다.

단어 经理 jīnglǐ 몡 사장 | 找 zhǎo 동 찾다 | 两天 liǎngtiān 몡 요 며칠 | 出差 chūchāi 동 (외지로) 출장 가다 | 着急 zháojí 동 조급해하다 | 打 dǎ 동 (전화를) 걸다 | 手机 shǒujī 몡 휴대전화

09

★ 司机在楼下。

哎呀，我的手表忘在房间里了。小王，麻烦你跟司机说一声，在楼下等我一会儿，我去取一下马上回来。

★ 운전기사는 아래층에 있다. (√)

아이고, 내 손목시계를 방에 놓고 왔네. 샤오왕, 미안한데 운전기사에게 아래층에서 날 좀 기다려 달라고 말해줘. 내가 가서 금방 가져 올게.

시크릿 운전사에게 기다리라고 말한 장소가 어디인지에 집중!

해설 녹음에서 언급된 장소는 두 군데다. 房间(방)은 시계를 놓고 온 장소고, 楼下(아래층)는 운전기사가 화자를 기다리는 장소이므로, 주어진 문장은 녹음과 일치한다.

단어 司机 sījī 몡 운전기사 | 楼下 lóuxià 몡 아래층 | 哎呀 āiyā 감 이런 | 手表 shǒubiǎo 몡 손목시계 | 忘 wàng 동 잊다 | 房间 fángjiān 몡 방 | 里 lǐ 몡 안 | 麻烦 máfan 동 귀찮게 하다 | 跟 gēn 젠 ~에게 | 等 děng 동 기다리다 | 取 qǔ 동 가지다, 찾다 | 马上 mǎshàng 凰 곧

10

★ 毕业让人又高兴又难过。

毕业让人高兴，因为我们将要开始新的生活；
但毕业也是一件让人伤心的事，因为毕业之
后，同学们见面的机会变少，很难经常聚在一
起。

★ 졸업은 사람을 기쁘게도 하고 슬프게도 한다. (✓)

졸업은 앞으로 새로운 생활을 하게 될 것이기 때문에 사
람을 기쁘게 한다. 그러나 졸업은 또한 마음을 아프게 하
는 일이기도 하다. 왜냐하면 졸업 후에는 친구들끼리 만
날 수 있는 기회가 적어지고, 자주 함께 모이기가 어렵기
때문이다.

시크릿 졸업을 하면서 느끼게 되는 감정에 집중!

해설 졸업은 새로운 삶에 대한 기대감과 기쁨을 느끼게도 하지만, 졸업으로 인해 오랫동안 함께 하던 친구들과 헤어져
야 하는 슬픔도 있으니 又高兴又难过(기쁘기도 하고 슬프기도 하다)는 녹음의 내용과 일치한다. 伤心(상심하
다)과 难过(슬프다)는 의미가 상통한다.

단어 毕业 bìyè 图 졸업하다 | 让 ràng 图 ~하게 하다 | 难过 nánguò 图 슬프다 | 因为 yīnwèi 젭 왜냐하면 | 将要 jiāngyào
🎯 장차, 곧 | 伤心 shāngxīn 图 상심하다 | 见面 jiànmiàn 图 만나다 | 机会 jīhuì 명 기회 | 经常 jīngcháng 🎯 자주 |
聚 jù 图 모이다

제2부분 p. 96~97

11

A 公园对面	B 超市入口
C 教室门口	D 火车站旁边

A 공원 맞은편	B 마트 입구
C 교실 문 앞	D 기차역 옆

女: 喂，你在哪儿呢? 我到了，现在在超市入
口。

男: 我对这儿不太熟悉。好了，看见你了。我
过去找你，挂了。

问: 他们打算在哪儿见面?

여: 여보세요? 너 어디야? 나 도착해서 지금 마트 입구에
있어.

남: 나 이곳 길을 잘 몰라. 됐다! 네가 보여. 내가 너한테
로 갈게, 끊어.

질문: 그들은 어디에서 만날 예정인가?

시크릿 여자가 현재 어디에 있는지에 주의!

해설 둘은 마트 앞에서 만나기로 되어 있는데, 남자가 초행길이라서 전화로 위치를 묻는 상황이다. 남자는 마침내 원
래 약속 장소 앞에서 기다리고 있는 여자를 발견하였으므로, 정답은 超市入口(마트 입구)가 된다.

단어 公园 gōngyuán 명 공원 | 对面 duìmiàn 명 맞은편 | 超市 chāoshì 명 마트 | 入口 rùkǒu 명 입구 | 教室 jiàoshì 명
교실 | 门口 ménkǒu 명 입구 | 火车站 huǒchēzhàn 명 기차역 | 旁边 pángbiān 명 옆 | 熟悉 shúxī 图 생소하지 않다,
낯익다 | 过去 guòqù 图 건너가다 | 找 zhǎo 图 찾다 | 挂 guà 图 전화를 끊다 | 打算 dǎsuan 图 ~할 생각이다

12

A 客人	B 妻子
C 亲戚	D 同事

A 손님	B 아내
C 친척	D 동료

女: 张师傅，您昨天下午去哪儿了?

男: 我陪几个客人去了趟长城，然后就回家
了。有什么事吗?

问: 男的陪谁去长城了?

여: 장 선생님, 어제 오후에 어디 가셨습니까?

남: 손님 몇 분을 모시고 만리장성에 갔다가 집으로 갔는
데, 무슨 일 있나?

질문: 남자는 누구를 데리고 만리장성에 갔는가?

시크릿 장 선생님이 누구를 모시고 만리장성에 갔는지에 집중!

해설 여자는 어제 오후 장 선생님을 찾았는데, 연락이 되지 않았다. 녹음에서 장 선생님은 어제 손님(客人)을 모시고 만리장성에 갔었다고 했다.

단어 客人 kèrén 阅 손님 | 妻子 qīzi 阅 아내 | 亲戚 qīnqi 阅 친척 | 同事 tóngshì 阅 동료 | 师傅 shīfu 阅 선생님, 아저씨 | 陪 péi 阁 모시다, 동반하다 | 趟 tàng 맹 차례(동작의 횟수) | 长城 Chángchéng 阅 만리장성 | 然后 ránhòu 접 그런 후에

13	A 放弃减肥		A 다이어트를 포기한다
	B 继续运动		B 계속 운동한다
	C 不想吃饭		C 밥을 먹기 싫다
	D 很有信心		D 매우 자신 있다

男: 怎么买了这么多糖和巧克力? 难道你不减肥了?

女: 减了一个月都没什么效果，一点儿都没瘦，我实在没有信心了。

问: 女的是什么意思?

남: 왜 이렇게 사탕과 초콜릿을 많이 샀어? 설마 너 다이어트 안 할 거야?

여: 한 달 동안 살 뺐는데 별 효과가 없어. 하나도 안 빠져서, 자신이 없어졌어.

질문: 여자의 말은 무슨 뜻인가?

시크릿 여자가 다시 사탕과 초콜릿을 먹는 이유에 집중!

해설 여자는 원래 다이어트 중이었는데, 한 달 동안 노력해도 효과가 전혀 없자 자신감과 의욕이 사라져, 다시 사탕과 초콜릿을 먹기 시작한 것으로 보인다. 즉 다이어트를 포기했음을 알 수 있다. 不减肥了(다이어트를 하지 않다)에서 '不…了'는 '더 이상 ~하지 않는다'의 뜻을 나타낸다.

단어 放弃 fàngqì 阁 포기하다 | 减肥 jiǎnféi 阁 살을 빼다, 다이어트 하다 | 继续 jìxù 阁 계속하다 | 信心 xìnxīn 阅 자신(감) | 怎么 zěnme 때 왜, 어째서 | 糖 táng 阅 사탕 | 巧克力 qiǎokèlì 阅 초콜릿 | 难道 nándào 児 설마 ~인가 | 效果 xiàoguǒ 阅 효과 | 瘦 shòu 阅 마르다 | 实在 shízài 児 정말

14	A 饭馆很大		A 음식점이 매우 크다
	B 正在打折		B 할인 중이다
	C 离得很远		C 거리가 멀다
	D 菜比较便宜		D 음식이 비교적 싸다

女: 今天我不想做饭了，我们出去吃吧。

男: 好，正好附近刚开了一家饭馆，听说菜做得很好吃，还不贵。

问: 关于那家饭馆可以知道什么?

여: 나 오늘 밥하기 싫은데, 우리 외식하자.

남: 좋아. 마침 근처에 음식점 하나가 개업했는데, 맛도 좋고 가격도 비싸지 않대.

질문: 그 음식점에 관해 알 수 있는 것은?

시크릿 새로 개업한 음식점이 어떤지에 집중!

해설 부부관계로 보이는 두 사람은 외식하기로 결정하고, 근처 새로 개업한 음식점에 대해서 얘기하고 있다. 대화에 사용된 不贵(비싸지 않다)가 보기에서는 比较便宜(비교적 싸다)로 제시되었다.

단어 饭馆 fànguǎn 阅 음식점 | 正在 zhèngzài 児 지금(한창) ~하고 있다 | 打折 dǎzhé 阁 가격을 깎다, 할인하다 | 离 lí 전 ~로부터 | 菜 cài 阅 음식 | 比较 bǐjiào 児 비교적 | 便宜 piányi 阅 (값이) 싸다 | 做饭 zuòfàn 阁 밥을 짓다 | 出去 chūqu 阁 나가다 | 正好 zhènghǎo 児 마침 | 附近 fùjìn 阅 부근 | 刚 gāng 児 막, 바로 | 开 kāi 阁 열다, 개설하다 | 家 jiā 맹 가정이나 기업·가게 등을 셀 때 쓰임 | 听说 tīngshuō 阁 듣자(하니, 듣건대 | 关于 guānyú 전 ~에 관해서

15

A	很难写	A	작성하기 어렵다
B	没有信心	B	자신이 없다
C	不用担心	C	걱정할 필요가 없다
D	没办法完成	D	완성할 방법이 없다

男：这次会议的总结，由你来负责写怎么样？
女：没问题，您就放心吧。周三之前一定交给您。

问：女的觉得这个任务怎么样？

남: 이번 회의의 결과 정리는 자네가 맡아서 써보는 게 어떻겠는가?
여: 문제 없으니, 안심하세요. 수요일 전까지 꼭 제출 할게요.

질문: 여자는 이 임무가 어떻다고 생각하는가?

시크릿 여자의 말투에 주의!

해설 회의 결과 정리를 맡아서 하라고 하자, 여자는 문제 없다며 자신감을 드러내고 있다. 放心(마음을 놓다)은 不用担心(걱정할 필요가 없다)과 의미가 통한다.

단어 办法 bànfǎ 명 방법 | 会议 huìyì 명 회의 | 总结 zǒngjié 명 총정리 | 由 yóu 전 ~이, ~가(행위 주체자 강조) | 负责 fùzé 통 책임지다 | 放心 fàngxīn 통 마음을 놓다 | 交给 jiāogěi 통 ~에게 제출하다 | 任务 rènwù 명 임무

16

| A | 出生地 | B | 兴趣和爱好 | A | 출생지 | B | 흥미와 취미 |
| C | 职业和姓名 | D | 民族和性别 | C | 직업과 성명 | D | 민족과 성별 |

女：对不起，我把民族和性别填反了，能再给我一张表格吗？
男：请稍等，我再打印一张给您。

问：女的刚才把什么填错了？

여: 죄송합니다. 제가 민족과 성별을 바꿔서 기재했습니다. 서식을 다시 한 장 주실 수 있습니까?
남: 잠시만요, 다시 한 장 출력해서 드릴게요.

질문: 여자는 방금 무엇을 잘못 기재했는가?

시크릿 여자가 잘못 기입한 것이 무언인지에 집중!

해설 보기에는 서식에 기재될만한 항목들이 나열되어 있다. 여자는 잘못 기재한 것이 민족과 성별이라고 말했다.

단어 出生地 chūshēngdì 명 출생지 | 兴趣 xìngqù 명 흥미 | 爱好 àihào 명 취미 | 职业 zhíyè 명 직업 | 民族 mínzú 명 민족 | 性别 xìngbié 명 성별 | 填 tián 통 기입하다 | 反 fǎn 형 거꾸로, 반대로 | 表格 biǎogé 명 표, 서식 | 稍 shāo 부 약간 | 等 děng 통 기다리다 | 打印 dǎyìn 통 프린트하다 | 刚才 gāngcái 명 지금 막, 방금 | 错 cuò 통 틀리다

17

| A | 咖啡 | B | 绿茶 | A | 커피 | B | 녹차 |
| C | 啤酒 | D | 果汁 | C | 맥주 | D | 과일 주스 |

女：欢迎光临，您看坐这儿行吗？
男：可以。先给我们来两杯绿茶，再把菜单拿过来，我们要点菜。

问：男的想要喝什么？

여: 어서 오세요. 이 자리가 괜찮으시겠습니까?
남: 네. 먼저 녹차 두 잔을 주시고, 메뉴판도 갖다 주세요. 저희 주문하려고요.

질문: 남자는 무엇을 마시려고 하는가?

시크릿 先…再… 용법에 주의!

해설 남자가 음식점에 들어가서 자리를 잡고 있는 상황이다. 그는 음식을 주문하기 전에 먼저 녹차 두 잔을 갖다 달라고 부탁하고 있다.

단어 咖啡 kāfēi 명 커피 | 绿茶 lǜchá 명 녹차 | 啤酒 píjiǔ 명 맥주 | 果汁 guǒzhī 명 과일 주스 | 欢迎光临 huānyíng guānglín 어서오세요 | 先 xiān 부 먼저 | 杯 bēi 양 잔, 컵 | 菜单 càidān 명 메뉴판 | 点菜 diǎncài 통 요리를 주문하다 | 喝 hē 통 마시다

18

| A 生病了 | B 上大学了 |
| C 找到工作了 | D 考试通过了 |

| A 병이 났다 | B 대학에 입학했다 |
| C 일자리를 찾았다 | D 시험에 통과했다 |

女: 回去后要注意休息，每天按时吃药，过一个星期再来检查一次。

男: 明白了，谢谢大夫，再见。

问: 关于男的可以知道什么?

여: 돌아가서 잘 쉬시고, 매일 제시간에 약을 드세요. 일주일 후에 다시 한 번 검진 받으러 오세요.

남: 알겠습니다. 의사 선생님 감사합니다. 안녕히 계세요.

질문: 남자에 관해서 알 수 있는 것은?

시크릿 대화가 발생할 수 있는 상황에 주의!

해설 过一个星期再来检查一次(일주일 후에 다시 한 번 검진 받으러 오세요)에서 대화가 발생하는 장소는 医院(병원)이고, 여자의 직업은 大夫(의사)임을 알 수 있다. 그렇다면 남자는 病人(환자)이므로 답은 生病了(병이 났다)임을 유추할 수 있다.

단어 生病 shēngbìng 통 병이 나다 | 考试 kǎoshì 명 시험 | 通过 tōngguò 통 통과하다 | 注意 zhùyì 통 주의하다 | 休息 xiūxi 통 휴식하다, 쉬다 | 按时 ànshí 부 제때에 | 吃药 chīyào 통 약을 먹다 | 过 guò 통 경과하다 | 检查 jiǎnchá 통 검사하다 | 大夫 dàifu 명 의사 | 关于 guānyú 전 ~에 관해서

19

| A 不好看 | B 太贵了 |
| C 颜色暗 | D 不合适 |

| A 예쁘지 않다 | B 너무 비싸다 |
| C 색이 어둡다 | D 어울리지 않는다 |

男: 这个帽子挺漂亮的，你要不要试试?

女: 我觉得不太适合我，我们还是去前面看看别的吧!

问: 女的觉得帽子怎么样?

남: 이 모자 정말 예쁘네, 너 한번 써볼래?

여: 내 생각에 나한테는 안 어울릴 거 같아. 우리 앞쪽으로 가서 다른 것도 한번 보자!

질문: 여자가 생각하기에 모자는 어떠한가?

시크릿 여자의 반응에 집중!

해설 보기에는 물건을 구입할 때 고려하게 되는 사항이 나열되어 있다. 여자가 모자를 사지 않은 이유는 자신에게 어울리지 않기 때문이다. 合适(형용사)와 适合(동사)는 품사가 다르지만, 모두 '적합하다'는 의미를 나타낸다.

단어 合适 héshì 형 적당하다, 알맞다 | 帽子 màozi 명 모자 | 挺 tǐng 부 꽤 | 漂亮 piàoliang 형 예쁘다 | 试 shì 통 시험 삼아 해보다 | 觉得 juéde 통 ~라고 느끼다 | 适合 shìhé 통 어울리다 | 看看 kànkan 통 살펴보다 | 别的 biéde 대 다른 것

20

| A 一些解释 | B 电话号码 |
| C 公司信息 | D 他的意见 |

| A 일부 해설 | B 전화번호 |
| C 회사정보 | D 그의 의견 |

男: 我的意见都写在材料上面了，你们拿回去看看吧。

女: 谢谢您，我们会按照您的意见再重新整理一下。

问: 男的在材料上写什么了?

남: 내 의견은 모두 자료에 써놨으니, 가져가서 보세요.

여: 감사합니다. 우리는 당신의 의견에 따라 다시 정리하겠습니다.

질문: 남자는 자료에 무엇을 썼는가?

시크릿 남자가 써놓은 것이 무엇인지에 집중!

해설 힌트가 대화의 첫 부분에 나오는 경우도 많기 때문에, 녹음을 듣기 전부터 준비가 되어 있어야 한다. 녹음 첫 부분에서 자료에 의견을 썼다는 말을 하고 있다.

단어 一些 yìxiē 양 약간 | 解释 jiěshì 통 해석하다 | 电话 diànhuà 명 전화 | 号码 hàomǎ 명 번호 | 公司 gōngsī 명 회사 | 信息 xìnxī 명 정보 | 意见 yìjiàn 명 의견, 견해 | 材料 cáiliào 명 자료 | 上面 shàngmian 명 위쪽 | 拿 ná 통 (손으로) 쥐다, 들다 | 回去 huíqù 통 돌아가다 | 按照 ànzhào 전 ~에 따라서 | 重新 chóngxīn 부 다시 | 整理 zhěnglǐ 통 정리하다

21

| A 哭了 | B 被批评了 |
| C 踢足球了 | D 胳膊擦破了 |

| A 울었다 | B 혼났다 |
| C 축구를 했다 | D 팔이 까졌다 |

女: 你的胳膊怎么流血了，我带你去医院吧!
男: 没关系，刚才打篮球时不小心擦破了皮，不疼。

问: 男的刚才怎么了?

여: 너 팔에서 왜 피가 나? 내가 병원에 데려다줄게!
남: 괜찮아. 방금 농구할 때 조심하지 않아서 좀 까졌어. 아프진 않아.

질문: 남자는 방금 어떻게 됐는가?

시크릿 남자가 피를 흘리는 이유에 집중!

해설 擦破了는 '(피부가) 긁혔다, 까졌다'는 의미로 남자는 농구를 하다가 팔을 다쳤다고 말하고 있다.

단어 批评 pīpíng 통 비판하다, 야단치다 | 踢 tī 통 차다 | 胳膊 gēbo 명 팔 | 擦 cā 통 마찰하다, 긁히다 | 破 pò 통 찢어지다 | 流血 liúxiě 통 피가 나다 | 带 dài 통 데리다, 이끌다 | 医院 yīyuàn 명 병원 | 没关系 méiguānxi 문제없다, 괜찮다 | 刚才 gāngcái 명 지금 막, 방금 | 篮球 lánqiú 명 농구

22

| A 没意思 | B 很有名 |
| C 内容太多 | D 翻译得不好 |

| A 재미없다 | B 유명하다 |
| C 내용이 너무 많다 | D 번역을 못했다 |

男: 这本小说这么厚，什么时候才能看完啊?
女: 只要你坚持每天看十几页，一个月左右就可以看完了。

问: 男的认为这本书怎么样?

남: 이 소설은 이렇게 두꺼워서, 언제 다 읽을 수 있겠어?
여: 매일 십몇 페이지씩만 읽는다면 한 달 정도면 다 읽을 수 있을 거야.

질문: 남자는 이 책이 어떻다고 생각하는가?

시크릿 남자의 어투에 주의!

해설 소설책 한 권을 읽는 데 한 달씩이나 걸리는 이유는 책이 너무 두껍기 때문이다. 책이 두껍다는 말은 内容太多(내용이 너무 많다)와 의미가 상통한다.

단어 没意思 méiyìsi 재미 없다 | 有名 yǒumíng 형 유명하다 | 内容 nèiróng 명 내용 | 翻译 fānyì 통 번역하다 | 小说 xiǎoshuō 명 소설 | 这么 zhème 대 이렇게 | 厚 hòu 형 두껍다 | 时候 shíhou 명 때 | 看 kàn 통 보다 | 只要 zhǐyào 접 ~하기만 하면 | 坚持 jiānchí 통 견지하다 | 左右 zuǒyòu 명 쯤, 가량 | 认为 rènwéi 통 여기다

23

| A 开车去 | B 坐地铁 |
| C 坐出租车 | D 骑自行车 |

| A 운전해서 간다 | B 지하철을 탄다 |
| C 택시를 탄다 | D 자전거를 탄다 |

男: 明天你不用来接我了，我坐地铁去，也很方便，你打车直接去机场吧。
女: 也行，那咱们明天机场见。

问: 男的明天怎么去机场?

남: 내일 넌 나를 데리러 올 필요 없어. 나는 지하철을 타고 가도 편하니까 너는 택시 타고 바로 공항으로 가.
여: 그래도 되고. 그럼 내일 공항에서 봐.

질문: 남자는 내일 어떻게 공항으로 가는가?

시크릿 남자가 탈 교통수단이 무엇인지에 집중!

해설 두 사람은 내일 공항에 가는 교통수단이 다르다. 여자는 打车(택시를 타다)로 갈 계획이고, 남자는 地铁(지하철)를 이용할 것임을 알 수 있다. 만약 질문에서 여자에 관해 물었다면 답은 C가 될 것이다. 打车와 坐出租车는 의미가 상통하기 때문이다.

단어 地铁 dìtiě 명 지하철 | 出租车 chūzūchē 명 택시 | 骑 qí 통 타다 | 自行车 zìxíngchē 명 자전거 | 不用 búyòng 부 ~할 필요가 없다 | 接 jiē 통 마중하다 | 方便 fāngbiàn 형 편리하다 | 打车 dǎchē 통 택시를 타다 | 直接 zhíjiē 형 직접, 직접적이다 | 机场 jīchǎng 명 공항 | 咱们 zánmen 대 우리

24

A 太热了
B 浪漫一点
C 可以睡懒觉
D 不用去上班

A 너무 더워서
B 좀 낭만적이게
C 늦잠을 잘 수 있도록
D 출근하지 않아도 되도록

男：老婆，快把空调打开，热死了。
女：知道了。真希望下一场大雨，让天气凉快
下来。

남: 여보, 빨리 에어컨을 틀어줘. 더워 죽겠어.
여: 알았어요. 소나기나 한바탕 내려서, 시원해졌으면 정말 좋겠어요.

问：女的为什么希望下场大雨?

질문: 여자는 왜 소나기가 내리길 바라는가?

시크릿 비가 내리면 어떻게 될 거라는 여자의 바람에 집중!

해설 무더운 날씨에 남편이 너무 더워하자, 아내는 비라도 한바탕 내리기를 바라고 있다.

단어 热 rè 혱 덥다 | 浪漫 làngmàn 혱 낭만적이다, 로맨틱하다 | 睡懒觉 shuìlǎnjiào 늦잠을 자다 | 不用 búyòng 뮈 ~할 필요가 없다 | 上班 shàngbān 툉 출근하다 | 老婆 lǎopo 뎽 아내 | 空调 kōngtiáo 뎽 에어컨 | 希望 xīwàng 툉 희망하다 | 凉快 liángkuai 혱 시원하다

25

A 洗澡　　　　B 洗脸
C 打开窗户　　D 打扫卫生间

A 샤워　　　　B 세수
C 창문을 여는 것　　D 화장실 청소

男：早上起床后第一件事就是把窗户打开，让
新鲜空气进来。
女：我马上开，刚才去洗脸了，还没来得及开
呢。

남: 아침에 일어나서 제일 먼저 할 일은 창문을 여는 거야. 신선한 공기가 들어올 수 있게 말이야.
여: 제가 곧 열게요. 방금 세수하러 갔다가 미처 열지 못했어요.

问：女的没来得及做什么?

질문: 여자는 무엇을 미처 못했는가?

시크릿 여자의 부연설명에 집중!

해설 여자는 세수하러 가느라, 창문 여는 것을 깜박 잊은 것으로 보인다. 여자가 한 행동은 洗脸(세수하다)이고, 하지 못한 행동은 打开窗户(창문을 열다)임을 알 수 있다. 두 행동이 혼동되지 않도록 주의한다.

단어 洗澡 xǐzǎo 툉 목욕하다 | 洗脸 xǐliǎn 툉 세수하다 | 打开 dǎkāi 툉 열다 | 窗户 chuānghu 뎽 창문 | 打扫 dǎsǎo 툉 청소하다 | 卫生间 wèishēngjiān 뎽 화장실 | 起床 qǐchuáng 툉 (잠자리에서) 일어나다 | 把 bǎ 젼 ~을(를) | 让 ràng 툉 ~하게 하다 | 新鲜 xīnxiān 혱 신선하다 | 马上 mǎshàng 뮈 곧, 바로 | 刚才 gāngcái 뎽 방금 | 来得及 láidejí 툉 늦지 않다, 생각할 겨를이 있다

26

| A 记者 | B 医生 |
| C 演员 | D 警察 |

| A 기자 | B 의사 |
| C 배우 | D 경찰 |

女: 小王, 你怎么在这儿, 来购物?
男: 我来买个行李箱, 您呢?
女: 我就是逛逛, 今天休息没什么事儿。你买行李箱要去哪儿?
男: 我周末要去外地演出。

问: 男的最可能是做什么的?

여: 샤오왕, 너 왜 여기 있어? 쇼핑하러 왔어?
남: 저는 여행용 트렁크를 사려고 왔어요. 당신은?
여: 나는 그냥 둘러보는 거야. 오늘 쉬는 날이어서 할 일이 없거든. 여행용 가방 사서 어디 가려고?
남: 전 주말에 지방에 가서 공연할 거예요.

질문: 남자는 무슨 일을 하는 사람이겠는가?

> **시크릿** 남자가 가방을 사서 무엇을 하러 가는지에 집중!

해설 남자는 지방으로 演出(공연하다)하러 간다고 하였다. 공연 관련 단어로는 무용수, 가수, 배우 등이 있을 수 있는데, 보기에는 배우가 제시되어 있다.

단어 记者 jìzhě 몡 기자 | 医生 yīshēng 몡 의사 | 演员 yǎnyuán 몡 배우 | 警察 jǐngchá 몡 경찰 | 购物 gòuwù 동 물품을 구입하다 | 行李箱 xínglǐxiāng 몡 여행용 가방 | 逛 guàng 동 거닐다, 구경하다 | 休息 xiūxi 동 휴식하다 | 周末 zhōumò 몡 주말 | 外地 wàidì 몡 타지, 지방 | 演出 yǎnchū 동 공연하다

27

| A 结婚了 | B 是大学生 |
| C 性格活泼 | D 已经工作了 |

| A 결혼했다 | B 대학생이다 |
| C 성격이 활발하다 | D 이미 일을 한다 |

男: 你们俩是姐妹? 真的假的?
女: 真的。难道不像吗?
男: 细看的话, 眼睛和鼻子确实挺像的。
女: 别人也都这么说, 不过我妹妹性格更活泼。

问: 关于女的的妹妹可以知道什么?

남: 당신 둘이 자매라고요? 진짜예요 가짜예요?
여: 진짜예요. 안 닮았나요?
남: 자세히 보면 눈과 코가 확실히 닮긴 닮았네요.
여: 다른 사람들도 그렇게 말하더군요. 하지만 동생 성격이 더 활달해요.

질문: 여자의 동생에 대해 알 수 있는 것은?

> **시크릿** 여자의 마지막 말에 주의!

해설 두 자매의 외모는 눈과 코가 닮았지만 성격은 동생이 더 활발하다고 말하고 있다.

단어 结婚 jiéhūn 동 결혼하다 | 活泼 huópo 톙 활발하다 | 已经 yǐjing 뭐 이미, 벌써 | 姐妹 jiěmèi 몡 자매 | 真 zhēn 톙 진짜다, 사실이다 | 假 jiǎ 톙 거짓의 | 难道 nándào 뭐 설마 ~인가 | 像 xiàng 동 닮다 | 细看 xìkàn 동 자세히 보다 | 眼睛 yǎnjing 몡 눈 | 鼻子 bízi 몡 코 | 确实 quèshí 뭐 절대로 | 不过 búguò 젭 그러나 | 更 gèng 뭐 더욱

28

| A 旅游 | B 看弟弟 |
| C 参加会议 | D 参加婚礼 |

| A 여행하러 | B 남동생을 보러 |
| C 회의에 참석하러 | D 결혼식에 참석하러 |

女：没想到在这儿能遇到您，您去哪儿？
男：去上海参加一个文化交流会，你呢？
女：我回北京，我姐姐要结婚。您坐几点的飞机？
男：2点的，不过我刚听广播里说飞机要推迟半小时起飞。

问：男的去上海做什么？

여: 여기서 만날 줄은 몰랐네요. 어디 가세요?
남: 상하이로 문화교류 회의에 참여하러 가는 길이에요. 당신은요?
여: 베이징으로 돌아가요. 언니가 결혼하거든요. 몇 시 비행기세요?
남: 2시요. 하지만 방금 방송에서 비행기가 30분 늦게 이륙한다고 하네요.

질문: 남자는 상하이에 무엇하러 가는가?

시크릿 남자가 상하이에 가는 이유에 집중!

해설 두 사람이 공항에서 우연히 만나 대화하는 내용이다. 여자는 언니의 결혼식에 참석하러 베이징에 가는 길이고, 남자는 문화교류 회의에 참석하러 상하이에 가는 길이다. 남자에 대해 묻는지 여자에 대해 묻는지 질문을 잘 들어야 한다.

단어 旅游 lǚyóu 통 여행하다 | 参加 cānjiā 통 참가하다 | 会议 huìyì 명 회의 | 婚礼 hūnlǐ 명 결혼식 | 遇到 yùdào 통 만나다 | 文化 wénhuà 명 문화 | 交流 jiāoliú 통 교류하다 | 不过 búguò 접 하지만, 그러나 | 刚 gāng 부 방금 | 广播 guǎngbō 명 방송 | 推迟 tuīchí 통 지연되다

29

| A 买礼物 | B 中国制造 |
| C 外国产品 | D 旅行计划 |

| A 선물 구입 | B 중국산 |
| C 외국 상품 | D 여행 계획 |

女：去年圣诞节我去国外旅游，没想到买回来的礼物竟然都是中国制造。
男：这有什么奇怪的，中国现在是世界制造大国。
女：随着质量的进一步提高，相信会有更多的中国制造。
男：对，我们应该重视质量，这样才有竞争力。

问：他们在谈什么？

여: 작년 크리스마스 때 해외 여행을 갔는데, 사온 선물이 뜻밖에도 모두 중국에서 만든 제품이었어.
남: 그게 뭐가 이상해. 중국은 지금 세계에서 큰 제조국인걸.
여: 상품의 질이 한층 더 좋아짐에 따라, 중국 제품이 더 많아질 거라고 믿어.
남: 맞아. 우리가 품질을 더 중시해야지만, 경쟁력이 생기는 거야.

질문: 그들은 무엇에 대해 이야기하고 있는가?

시크릿 두 사람이 공통적으로 말하는 것이 무엇인지에 집중!

해설 여자가 해외 여행까지 가서 사온 물건이 중국산이었다. 두 사람은 중국이 세계 제조 강대국임을 인정하고, 앞으로 더 경쟁력을 갖추기 위해 품질을 향상시켜야 한다고 말하고 있다.

단어 礼物 lǐwù 명 선물 | 制造 zhìzào 통 제조하다 | 旅行 lǚxíng 통 여행하다 | 计划 jìhuà 명 계획 | 去年 qùnián 명 작년 | 圣诞节 shèngdànjié 명 성탄절 | 国外 guówài 명 국외 | 旅游 lǚyóu 통 여행하다 | 竟然 jìngrán 부 뜻밖에도 | 奇怪 qíguài 형 기이하다, 이상하다 | 世界 shìjiè 명 세계 | 大国 dàguó 명 대국 | 随着 suízhe 통 ~따라서 | 质量 zhìliàng 명 품질, 질 | 进一步 jìnyíbù 진일보하다, 한 걸음 나아가다 | 提高 tígāo 통 향상시키다, 높이다 | 应该 yīnggāi 조동 마땅히 ~해야 한다 | 重视 zhòngshì 통 중시하다 | 竞争力 jìngzhēnglì 명 경쟁력 | 谈 tán 통 말하다

30

A 5月	B 6月
C 9月	D 10月

男: 您好，我想报名参加6月的普通话水平考试。

女: 对不起，报名工作已经结束了。

男: 这么快啊? 那下一次考试是什么时候?

女: 9月20号，报名时间您可以上我们的网站查一下。

问: 男的什么时候能参加考试?

A 5월	B 6월
C 9월	D 10월

남: 안녕하세요? 저는 6월 표준어 능력시험에 참가 신청을 하고 싶은데요.

여: 죄송합니다. 신청 업무가 이미 종료되었습니다.

남: 이렇게 빨리요? 그럼 다음 시험은 언제예요?

여: 9월 20일입니다. 신청 기간은 저희 웹사이트에서 확인하실 수 있습니다.

질문: 남자는 언제 시험에 참가할 수 있는가?

시크릿 다음 시험 날짜가 언제인지에 주의!

해설 대화에서 제시된 달은 6월과 9월이다. 6월 시험 접수는 이미 끝난 상황이기 때문에, 그가 참여할 수 있는 시험은 9월이 된다.

단어 报名 bàomíng 图 신청하다 | 参加 cānjiā 图 참가하다 | 普通话 pǔtōnghuà 圀 (현대 중국의) 표준어 | 水平 shuǐpíng 圀 수준 | 考试 kǎoshì 圀 시험 | 工作 gōngzuò 圀 업무, 임무 | 结束 jiéshù 图 끝나다 | 下一次 xià yí cì 나중, 다음 | 网站 wǎngzhàn 圀 (인터넷) 웹사이트 | 查 chá 图 조사하다

31

A 很可爱	B 很诚实
C 很勇敢	D 努力认真

男: 您这么成功，能给我们介绍一下您成功的经验吗?

女: 平时的积累非常重要，还要多向周围的人学习。

男: 您觉得您性格中最大的优点是什么呢?

女: 是诚实。

问: 女的觉得自己的性格怎么样?

A 매우 귀엽다	B 매우 성실하다
C 매우 용감하다	D 노력하고 진지하다

남: 이렇게 성공하셨는데, 우리에게 당신의 성공 경험을 소개해주시겠습니까?

여: 평소에 (경험을) 쌓아두는 게 대단히 중요하고, 주위의 사람들한테서 많이 배워야 합니다.

남: 당신이 생각하기에, 당신의 성격 중 최대 장점은 무엇입니까?

여: 성실한 것입니다.

질문: 여자는 자신의 성격이 어떻다고 생각하는가?

시크릿 여자의 장점이 무엇인지에 집중!

해설 대화의 앞부분에서는 그녀의 성공에 대해서 언급하고 있어서 쉽게 D가 답이라고 착각할 수도 있으나, 질문은 그녀 자신이 스스로의 성격을 어떻게 판단하는지를 묻고 있으므로, 诚实(성실하다)가 답이 된다.

단어 诚实 chéngshí 圀 성실하다, 진실하다 | 勇敢 yǒnggǎn 圀 용감하다 | 努力 nǔlì 图 노력하다 | 认真 rènzhēn 圀 진지하다 | 这么 zhème 때 이렇게 | 成功 chénggōng 图 성공하다 | 介绍 jièshào 图 소개하다 | 经验 jīngyàn 圀 경험 | 平时 píngshí 圀 평소 | 积累 jīlěi 图 쌓이다, 축적하다 | 非常 fēicháng 閉 대단히, 아주 | 重要 zhòngyào 圀 중요하다 | 周围 zhōuwéi 圀 주위 | 学习 xuéxí 图 배우다 | 觉得 juéde 图 ~라고 느끼다 | 性格 xìnggé 圀 성격 | 优点 yōudiǎn 圀 장점

32	A 老师	B 丈夫		A 선생님	B 남편
	C 哥哥	D 爸爸		C 오빠	D 아버지

男: 你写日记的习惯是从什么时候养成的?

女: 大概是小学的时候，老师要求我们写每天发生的有意思的事，慢慢儿就成习惯了。

男: 你觉得写日记有什么好处?

女: 可以给我留下一些美好的回忆。

问: 刚开始是谁要求女的写日记的?

남: 넌 일기를 쓰는 습관이 언제부터 있었니?

여: 아마 초등학교 때일 거야. 선생님이 매일 재미있는 일을 쓰라고 하셨는데, 서서히 습관이 됐어.

남: 일기를 쓰면 어떤 좋은 점이 있다고 생각해?

여: 나에게 아름다운 추억들을 남겨줄 수 있지.

질문: 처음에 누가 여자에게 일기를 쓰라고 했는가?

시크릿 여자가 일기 쓰는 습관을 갖게 된 원인에 집중!

해설 여자는 매일 일기를 쓰는 좋은 습관을 가지고 있다. 그녀가 일기를 쓰게 된 동기는 어릴 적 선생님의 권유를 통해서였다.

단어 丈夫 zhàngfu 몡 남편 | 日记 rìjì 몡 일기 | 习惯 xíguàn 몡 습관 | 从 cóng 전 ~부터 | 时候 shíhou 몡 때, 시간 | 养成 yǎngchéng 통 기르다, 양성하다 | 大概 dàgài 뷔 아마, 대략 | 小学 xiǎoxué 몡 초등학교 | 要求 yāoqiú 통 요구하다 | 发生 fāshēng 통 발생하다 | 有意思 yǒuyìsi 톙 재미있다 | 慢慢儿 mànmānr 뷔 천천히 | 好处 hǎochù 몡 이로운 점 | 可以 kěyǐ 조통 ~할 수 있다 | 留 liú 통 남기다 | 美好 měihǎo 톙 아름답다 | 回忆 huíyì 몡 회상, 추억

33	A 搬家了		A 이사했다
	B 关门了		B 문을 닫았다
	C 不提供牛奶了		C 우유를 제공하지 않는다
	D 牛奶质量变差了		D 우유의 질이 나빠졌다

男: 你最近怎么样? 工作顺利吗?

女: 好消息和坏消息各有一个，你想先听哪个?

男: 先说坏消息吧。

女: 以前那家牧场不向我们提供牛奶了，好消息是我们又联系上了另一家牧场。

问: 以前的牧场怎么了?

남: 너 요즘 어때? 하는 일은 잘 되니?

여: 좋은 소식과 나쁜 소식이 하나씩 있는데, 어떤 거 먼저 들을래?

남: 나쁜 소식 먼저 말해봐.

여: 예전 그 목장이 우리한테 우유를 제공 안 하겠대. 좋은 소식은 우리가 다른 목장과 연락이 되었다는 거야.

질문: 예전의 목장은 어떻게 됐는가?

시크릿 거래를 하던 예전 목장이 현재 어떻게 되었는지에 주의!

해설 예전의 목장에서 우유를 더 이상 제공하지 않겠다고 하여 힘들어질 뻔했는데, 다행히 다른 목장과 연락이 되어 일이 해결되었음을 알 수 있다.

단어 搬家 bānjiā 통 이사하다 | 关门 guānmén 통 문을 닫다 | 提供 tígōng 통 제공하다 | 质量 zhìliàng 몡 (생산품이나 일의) 질, 품질 | 变 biàn 통 변화하다 | 差 chà 톙 나쁘다, 표준에 못 미치다 | 最近 zuìjìn 몡 최근 | 怎么样 zěnmeyàng 때 어떻다, 어떠하다 | 工作 gōngzuò 몡 일 | 顺利 shùnlì 톙 순조롭다 | 消息 xiāoxi 몡 소식 | 各 gè 뷔 각각 | 牧场 mùchǎng 몡 목장 | 联系 liánxì 통 연락하다

34

| A 没有车 | B 人都走了 | A 차가 없어서 | B 사람들이 모두 떠나서 |
| C 起床起晚了 | D 认为已经晚了 | C 늦게 일어나서 | D 늦었다고 생각해서 |

女：时间来不及了，快点儿收拾行李。

男：怎么来不及，还早着呢。

女：出发时间改到今天下午两点了，现在要去集合。

男：怎么不早点通知我啊？

问：女的为什么着急？

여: 시간이 없어. 어서 짐 챙겨.

남: 왜 시간이 부족해? 아직 이른데.

여: 출발 시간이 오늘 오후 2시로 변경됐어. 지금 모이러 가야 해.

남: 왜 나한테 좀 일찍 말해주지 않았어?

질문: 여자는 왜 조급해했는가?

시크릿 여자의 말투에 주의!

해설 출발을 재촉하는 여자에게 남자는 느긋한 반응을 보이고 있다. 출발 시간이 늦은 시간이었다가 오후 2시로 변경되었는데, 남자는 그 사실을 모르고 있었던 것이다. 여자는 서두르지 않으면 늦을 거라고 생각하여 남자를 재촉하고 있는 상황이다.

단어 认为 rènwéi 통 여기다 | 已经 yǐjing 튄 이미 | 时间 shíjiān 명 시간 | 来不及 láibují 통 (시간이 촉박하여) ~할 수 없다. 겨를이 없다 | 出发 chūfā 통 출발하다 | 改 gǎi 통 바꾸다, 교체하다 | 集合 jíhé 통 집합하다 | 通知 tōngzhī 통 통지하다 | 着急 zháojí 통 조급해하다

35

| A 天黑了 | B 香蕉不好吃 | A 밤이 깊었다 | B 바나나가 맛이 없다 |
| C 孙子去上课 | D 作业没写完 | C 손자는 수업 받으러 간다 | D 숙제를 다 못했다 |

女：香蕉皮一定要扔到垃圾桶里，不能乱扔东西。

男：知道了，奶奶。

女：英语作业写完了吗？

男：没呢，我先玩儿一会儿，作业一会儿再写也不晚。

问：根据对话可以知道什么？

여: 바나나 껍질은 반드시 쓰레기통에 넣어야지, 아무렇게나 버리면 안 돼.

남: 알겠어요, 할머니.

여: 영어 숙제는 다 했니?

남: 아니요. 먼저 조금 놀고 숙제는 나중에 해도 늦지 않아요.

질문: 대화에서 알 수 있는 것은?

시크릿 둘의 대화에서 객관적으로 확인할 수 있는 사항에 집중!

해설 이 대화는 할머니와 손자의 대화다. 바나나 껍질을 아무렇게나 버리지 말라는 할머니의 말에, 손자는 동의하는 모습을 보였다. 영어 숙제는 아직 하지 않았고, 조금 놀다가 나중에 하겠다고 말했다.

Tip 대화가 길어지면 기억해야 할 내용이 더 많아지기 때문에 힘들 수 밖에 없다. 이 대화에 대해 나올 수 있는 다양한 질문에 대답해보자.

- 他们可能是什么关系? (그들은 어떤 관계인가?)
  - 奶奶和孙子 (할머니와 손자)
- 女的让男的注意什么? (여자는 남자에게 무엇을 주의시키는가?)
  - 不要随便扔垃圾。 (아무데나 쓰레기를 버리지 마라.)
- 男的现在要干什么? (남자는 지금 무엇을 하려 하는가?)
  - 他要玩儿一会儿。 (그는 잠깐 놀려고 한다.)
- 他一会儿要做什么? (그는 잠시 후에 무엇을 하려고 하는가?)
  - 做作业。 (숙제를 한다.)

이러한 다양한 문제에 대응할 수 있도록, 평소 꾸준하게 청취 연습을 해야한다.

단어 香蕉 xiāngjiāo 명 바나나 | 孙子 sūnzi 명 손자 | 上课 shàngkè 통 수업을 듣다 | 作业 zuòyè 명 숙제 | 皮 pí 명 껍질 | 一定 yídìng 튄 반드시 | 扔 rēng 통 버리다 | 垃圾桶 lājītǒng 명 쓰레기통 | 乱 luàn 튄 함부로, 제멋대로 | 英语 Yīngyǔ 명 영어 | 晚 wǎn 형 늦다 | 根据 gēnjù 전 ~에 근거하여

[36-37]

学习语言当然不是一件简单的事情，特别是刚开始的时候，36许多人觉得很困难，于是学了不久就放弃了。但是如果37你可以坚持下来，积极努力地去学，慢慢地你就会发现自己进步了不少。这时候就会增加我们的信心，离学好这种语言也就越来越近了。

언어를 배우는 것은 당연히 쉬운 일이 아니다. 특히 금방 배우기 시작했을 때, 36많은 사람들은 어렵다고 느껴서, 얼마 배우지 않고 포기한다. 그러나 만약 37포기하지 않고, 계속 노력해서 배운다면 천천히 자신의 실력이 꽤 향상된 것을 발견하게 될 것이다. 이때 우리의 자신감도 더 생기고, 그 언어를 마스터하는 것과도 점점 가까워지게 된다.

단어 当然 dāngrán 閏 물론 | 简单 jiǎndān 휑 간단하다 | 特别 tèbié 閏 특별히 | 开始 kāishǐ 됭 시작하다 | 觉得 juéde 됭 ~라고 여기다 | 困难 kùnnán 휑 어렵다 | 于是 yúshì 웹 그래서 | 放弃 fàngqì 됭 포기하다 | 如果 rúguǒ 웹 만약 | 坚持 jiānchí 됭 견지하다 | 积极 jījí 휑 적극적이다 | 努力 nǔlì 됭 노력하다 | 发现 fāxiàn 됭 발견하다 | 进步 jìnbù 됭 진보하다 | 增加 zēngjiā 됭 증가하다 | 信心 xìnxīn 뎽 자신, 신념 | 离 lí 젠 ~로부터 | 越来越 yuèláiyuè 점점 ~해진다

36

A 很困难
B 很简单
C 很好奇
D 很有意思

A 매우 어렵다
B 매우 간단하다
C 매우 호기심 있다
D 매우 흥미롭다

问: 很多人开始学习一种语言时会觉得怎么样?

질문: 많은 사람들은 언어를 배우기 시작했을 때 어떻게 느끼는가?

시크릿 언어를 처음 배울 때 느끼는 감정에 집중!

해설 언어를 처음 배우기 시작했을 때 사람들이 어렵다고 느낀다는 내용이 녹음 앞부분에서 말하고 있으므로, 답은 A가 된다.

단어 好奇 hàoqí 휑 호기심을 갖다 | 有意思 yǒuyìsi 재미있다, 흥미있다

37

A 多练习
B 坚持下去
C 经常看书
D 请别人帮忙

A 연습을 많이 한다
B 꾸준히 지속한다
C 자주 책을 본다
D 다른 사람의 도움을 청한다

问: 怎样才能学好一种语言?

질문: 어떻게 하면 언어를 잘 배울 수 있는가?

시크릿 언어를 마스터할 수 있는 방법에 주의!

해설 언어를 마스터하려면 포기하지 않고 꾸준히 노력해야 한다고 녹음에서 말하고 있으므로, 답은 B가 된다.

단어 练习 liànxí 됭 연습하다 | 经常 jīngcháng 閏 언제나, 자주 | 帮忙 bāngmáng 됭 돕다

[38-39]

真正的爱情会让人感觉非常幸福，无论穷还是富，你都不会感到孤单。仅仅一个笑脸，一句温馨的话就可以让你觉得很温暖。真正的爱情还可以使两个人相互理解、信任和尊重，³⁸使我们的生活变得更精彩。

진정한 사랑은 사람을 행복하게 한다. 가난하건 부유하건 외롭다고 느끼지 못한다. 단지 웃는 얼굴, 한 마디의 따뜻한 말만으로도 당신을 따뜻하게 만들 수 있다. 진정한 사랑은 또한 두 사람으로 하여금 서로 이해하고 믿고 존중하게 만들며, ³⁸우리의 생활을 더 근사하게 만든다.

단어 真正 zhēnzhèng 혱 진정한, 참되다 | 爱情 àiqíng 뗑 (주로 남녀간의) 사랑, 애정 | 让 ràng 툉 ~하게 하다 | 感觉 gǎnjué 툉 느끼다 | 非常 fēicháng 뷕 대단히 | 幸福 xìngfú 혱 행복하다 | 无论 wúlùn 젭 ~을(를) 막론하고 | 穷 qióng 혱 빈곤하다 | 富 fù 혱 부유하다 | 感到 gǎndào 툉 느끼다, 여기다 | 孤单 gūdān 혱 외롭다 | 仅仅 jǐnjǐn 뷕 단지 | 温馨 wēnxīn 혱 온화하고 향기롭다, 따스하다 | 温暖 wēnnuǎn 혱 따뜻하다 | 相互 xiānghù 뷕 서로 | 理解 lǐjiě 툉 이해하다 | 信任 xìnrèn 툉 신임하다 | 尊重 zūnzhòng 툉 존중하다 | 使 shǐ 툉 ~하게 하다 | 精彩 jīngcǎi 혱 훌륭하다, 근사하다

38

A 精彩	B 无聊	A 근사하게	B 무료하게
C 轻松	D 舒适	C 가볍게	D 편안하게

问: 爱情可以让生活变得怎么样?

질문: 사랑은 생활을 어떻게 변화시키는가?

시크릿 녹음 마지막 부분에 집중!

해설 사랑은 우리를 행복하게 하고, 외롭지 않게 하며 따뜻하게 만들어준다고 했다. 또한 진정한 사랑은 서로 이해하고 믿고, 존중하게 해주므로 우리의 생활을 근사하게 만들어준다고 말하고 있다. 精彩(근사하다)라는 단어가 녹음 맨 마지막 부분에 직접 언급되고 있다.

단어 无聊 wúliáo 혱 무료하다 | 轻松 qīngsōng 툉 가볍다, 홀가분하다 | 舒适 shūshì 혱 편(안)하다

39

A 关心别人	A 다른 사람에게 관심을 가져라
B 微笑生活	B 웃으며 생활해라
C 信任自己	C 자신을 믿어라
D 爱情的作用	D 사랑의 효과

问: 这段话主要谈什么?

질문: 이 이야기는 무엇에 관한 것인가?

시크릿 전체적인 내용에 주의!

해설 이 녹음의 핵심어는 爱情(사랑)이다. 사랑이 우리의 삶에 끼치는 긍정적인 효과에 대해 말하고 있다.

단어 关心 guānxīn 툉 관심을 가지다 | 微笑 wēixiào 툉 미소 짓다 | 作用 zuòyòng 뗑 작용, 효과

[40-41]

⁴⁰我不同意提高门票价格。门票价格上升后，每张票的收入是多了，但是来这儿的游客减少的话，实际上总的收入在减少。相比提高价格，我认为我们应该做的是提高服务质量，改善整体环境，那样会吸引更多的人来这儿。

⁴⁰저는 입장료 인상을 반대합니다. 입장료가 오르면 한 표당 수입은 늘어나지만, 방문하는 여행객이 줄어든다면 사실상 총 수입은 줄어듭니다. 우리는 가격을 올리는 것보다 우리의 서비스 질을 높이고, 전체 환경을 개선해야 하며, 그렇게 하면 더 많은 관람객을 끌어들일 수 있을 것입니다.

단어 同意 tóngyì 图 동의하다 | 提高 tígāo 图 향상시키다 | 门票 ménpiào 몡 입장권 | 价格 jiàgé 몡 가격 | 上升 shàngshēng 图 상승하다 | 每 měi 때 매, ~마다 | 张 zhāng 얭 장 | 收入 shōurù 몡 수입 | 游客 yóukè 몡 여행객 | 减少 jiǎnshǎo 图 감소하다 | 实际上 shíjìshàng 凰 사실상 | 相比 xiāngbǐ 图 비교하다 | 认为 rènwéi 图 여기다 | 应该 yīnggāi 图 마땅히 ~해야 한다 | 服务 fúwù 몡 서비스 | 质量 zhìliàng 몡 품질, 질 | 改善 gǎishàn 图 개선하다 | 整体 zhěngtǐ 몡 전체 | 环境 huánjìng 몡 환경 | 吸引 xīyǐn 图 끌어들이다, 매료시키다

40

A 支持	B 反对
C 怀疑	D 表扬

问: 说话人对提高门票价格是什么态度?

A 지지한다	B 반대한다
C 의심한다	D 칭찬한다

질문: 화자는 입장료 인상에 대해 어떤 태도인가?

시크릿 화자의 전체 의견에 집중!

해설 녹음의 맨 앞부분에 화자는 입장료 인상에 반대한다고 말하고 있다. 不同意(동의하지 않다)와 反对(반대하다)는 동의어다.

단어 支持 zhīchí 图 지지하다 | 反对 fǎnduì 图 반대하다 | 怀疑 huáiyí 图 의심하다 | 表扬 biǎoyáng 图 칭찬하다

41

A 银行	B 图书馆
C 动物园	D 大使馆

问: 说话人最可能在哪儿工作?

A 은행	B 도서관
C 동물원	D 대사관

질문: 화자는 어디에서 일할 가능성이 큰가?

시크릿 상황이 발생할 수 있는 장소에 집중!

해설 도서관, 대사관, 은행에서는 입장권을 판매하지 않는다. 门票(입장권)를 판매하는 곳은 공원·동물원·관광지 등인데, 보기에 동물원이 제시되어 있으므로 답은 C가 된다.

단어 银行 yínháng 몡 은행 | 图书馆 túshūguǎn 몡 도서관 | 动物园 dòngwùyuán 몡 동물원 | 大使馆 dàshǐguǎn 몡 대사관

[42-43]

我爸和我妈是大学同学，⁴²现在我也在这个大学读博士。我们三个人都是一个学校的校友，所以可以说，⁴³我和他们既是女儿和父母的关系，又是同学关系。和爸爸在一起的时候，我常常开玩笑地叫他老同学。

나의 아빠와 엄마는 대학 동창이고, ⁴²지금 나도 이 대학에서 박사과정을 공부하고 있다. 우리 세 사람은 모두 같은 학교의 학생이므로, ⁴³말하자면 나와 부모님은 딸과 부모지간이기도 하지만 동문이기도 하다. 가끔 아빠와 같이 있을 때, 나는 농담으로 오랜 동창이라고 부르곤 한다.

단어 大学 dàxué 명 대학 | 同学 tóngxué 명 학우, 동창 | 博士 bóshì 명 박사 | 既…又… jì…yòu… 접 ~할 뿐만 아니라 ~하기도 하다 | 关系 guānxi 명 관계 | 开玩笑 kāi wánxiào 동 농담하다

42

A 读大学	A 대학을 다닌다
B 读博士	B 박사 공부를 한다
C 当教师	C 선생님을 한다
D 当校长	D 대학 총장을 한다

问: 说话人现在在学校做什么?　　질문: 화자는 지금 학교에서 무엇을 하는가?

시크릿 현재 화자가 하는 공부가 무엇인지에 주의!

해설 녹음에서 大学(대학)라는 단어가 여러 번 나와서 화자가 대학을 다니고 있다고 착각할 수 있으나, 화자는 지금 박사과정을 공부하는 중이다.

단어 博士 bóshì 명 박사(학위) | 当 dāng 동 담당하다, 맡다 | 教师 jiàoshī 명 교사 | 校长 xiàozhǎng 명 학교장, 총장

43

A 她很聪明	A 그녀는 매우 똑똑하다
B 她不尊重爸爸	B 그녀는 아버지를 존중하지 않는다
C 爸爸妈妈是同事	C 아버지와 어머니는 직장 동료다
D 她和爸爸上的是一样的大学	D 그녀와 아버지는 같은 대학에 다녔다

问: 关于说话人可以知道什么?　　질문: 화자에 대해 알 수 있는 것은?

시크릿 아빠, 엄마 그리고 화자의 공통점에 집중!

해설 엄마, 아빠 그리고 화자는 모두 같은 대학의 동문이라고 말하고 있다.

단어 聪明 cōngming 형 똑똑하다 | 尊重 zūnzhòng 동 존중하다 | 同事 tóngshì 명 동료

[44-45]

很多人说，时间就是金钱，但是[44]我认为时间更像生命。钱花完了可以再赚，但是时间过去了，就再也找不回来了。时间也不会为任何人、任何事停下脚步，因此[45]我们应该珍惜时间。如果我们浪费时间，也就是在浪费生命。

많은 사람들은 시간이 금이라고 말한다. 하지만[44] 나는 시간은 생명과 더 비슷하다고 생각한다. 돈은 다 쓰면 다시 벌면 되지만 시간은 한 번 지나가면 다시는 돌아오지 않는다. 시간은 또한 누군가 혹은 어떤 일을 위해서도 멈추지 않는다. 그러므로[45] 우리는 시간을 소중히 여겨야 한다. 시간을 낭비하는 것은 생명을 낭비하는 것과 같다.

단어 时间 shíjiān 몡 시간 | 金钱 jīnqián 몡 금전, 돈 | 但是 dànshì 젭 그러나 | 认为 rènwéi 동 생각하다, 여기다 | 更 gèng 뷔 더욱 | 像 xiàng 동 ~와 닮다, 비슷하다 | 生命 shēngmìng 몡 생명 | 花 huā 동 쓰다 | 再 zài 뷔 다시, 재차 | 赚 zhuàn 동 돈을 벌다 | 找 zhǎo 동 찾다, 구하다 | 为 wèi 전 ~을 위하여 | 任何 rènhé 때 어떠한 | 停下 tíngxià 동 멈추다 | 脚步 jiǎobù 몡 발걸음 | 因此 yīncǐ 젭 이로 인하여 | 应该 yīnggāi 조동 마땅히 ~해야 한다 | 珍惜 zhēnxī 동 아끼다, 귀중히 여기다 | 如果 rúguǒ 젭 만약 | 浪费 làngfèi 동 낭비하다

44

A 金钱	B 流水	A 돈	B 흐르는 물
C 衣服	D 生命	C 옷	D 생명

问: 说话人认为时间更像什么?

질문: 화자는 시간이 무엇과 더 비슷하다고 생각하는가?

시크릿 화자의 생각을 말하는 부분에 집중!

해설 시간이 돈이라고 생각하는 것은 일반적인 사람들의 생각이고, 화자는 시간을 생명에 비유하고 있다.

단어 流水 liúshuǐ 몡 흐르는 물 | 衣服 yīfu 몡 옷, 의복

45

A 怎么赚钱
B 珍惜友情
C 不要乱花钱
D 不要浪费时间

A 어떻게 돈을 버는가
B 우정을 소중히 여겨라
C 돈을 함부로 쓰지 마라
D 시간을 낭비하지 마라

问: 这段话主要想告诉我们什么?

질문: 이 이야기에서 말하고자 하는 것은?

시크릿 이야기의 주제에 주의!

해설 돈으로 살 수 없고, 돈처럼 다시 벌 수도 없는, 한 번 지나가면 다시 오지 않는 시간을 소중히 여기고, 낭비하지 말라고 당부하고 있다.

단어 友情 yǒuqíng 몡 우정 | 乱 luàn 뷔 제멋대로, 마구 | 花钱 huāqián 동 돈을 쓰다 | 主要 zhǔyào 혱 주요한, 주된 | 告诉 gàosu 동 말하다

新 汉 语 水 平 考 试
HSK（四级）答题卡

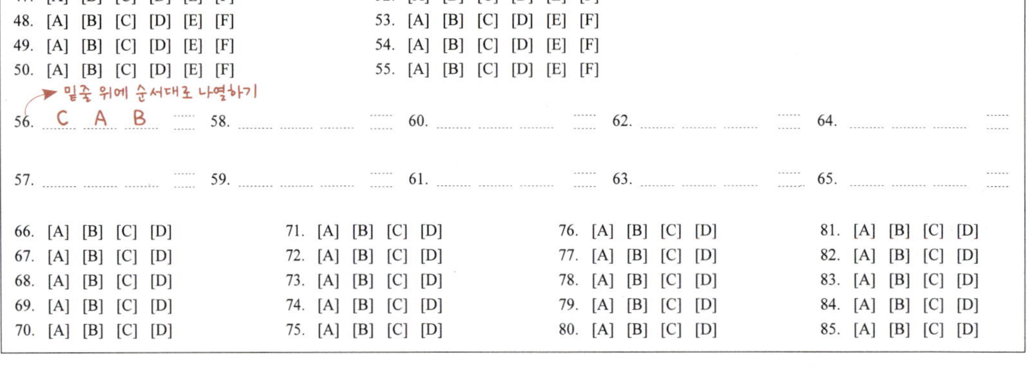

[86-95번] 제1부분: 어순 배열하기

86. 牙疼最好使用这种牙膏。

87.

88.

89.

90.

91.

92.

93.

94.

95.

[96-100번] 제2부분: 작문하기

96. 这里的交通很不方便，经常堵车。

97.

98.

99.

100.

国家汉办/孔子学院总部
Hanban/Confucius Institute Headquarters

新 汉 语 水 平 考 试
Chinese Proficiency Test

HSK （四级） 成绩报告
HSK (Level 4) Examination Score Report

姓名：_______________________
Name

性别：__________ 国籍：_______________
Gender   Nationality

考试时间：__________ 年 ______ 月 ______ 日
Examination Date   Year   Month   Day

编号：_______________________
No.

	满分 （Full Score）	你的分数 （Your Score）
听力 （Listening）	100	
阅读 （Reading）	100	
书写 （Writing）	100	
总分 （Total Score）	300	

总分180分为合格 （Passing Score：180）

主任   国家汉办
Director _______________ Hanban

HANBAN

中国・北京
Beijing・China